O Caminho Infinito

Buscando a Iluminação Espiritual

Joel S. Goldsmith

TEXTO INTEGRAL

Tradução: Pietro Nassetti

COLEÇÃO A OBRA-PRIMA DE CADA AUTOR

O Caminho Infinito

Buscando a Iluminação Espiritual

Joel S. Goldsmith

TEXTO INTEGRAL

MARTIN CLARET

CRÉDITOS

Idealização e Coordenação
Martin Claret

Capa
Ilustração
Marcellin Talbot

Miolo
Revisão
Mª de Fátima C. A. Madeira

Tradução
Pietro Nassetti

Papel
Off-Set, 70g/m²

Impressão e Acabamento
Meta Brasil

Editora Martin Claret – Rua Alegrete, 62 – Bairro Sumaré
CEP 01254-010 – São Paulo - SP
Tel.: (11) 3672-8144

www.martinclaret.com.br

Agradecemos a todos os nossos amigos e colaboradores — pessoas físicas e jurídicas — que deram as condições para que fosse possível a publicação deste livro.

Impresso - 2024

PREFÁCIO

A história do livro e a coleção "A Obra-Prima de Cada Autor"

MARTIN CLARET

Que é o livro? Para fins estatísticos, na década de 1960, a UNESCO considerou o livro "uma publicação impressa, não periódica, que consta de no mínimo 49 páginas, sem contar as capas".

O livro é um produto industrial.

Mas também é mais do que um simples produto. O primeiro conceito que deveríamos reter é o de que o livro como objeto é o veículo, o suporte de uma informação. O livro é uma das mais revolucionárias invenções do homem.

A *Enciclopédia Abril* (1972), publicada pelo editor e empresário Victor Civita, no verbete "livro" traz concisas e importantes informações sobre a história do livro. A seguir, transcrevemos alguns tópicos desse estudo didático sobre o livro.

O livro na Antiguidade

Antes mesmo que o homem pensasse em utilizar determinados materiais para escrever (como, por exemplo, fibras vegetais e tecidos), as bibliotecas da Antiguidade estavam repletas de textos gravados em tabuinhas de barro cozido. Eram os primeiros "livros", depois progressivamente modificados até chegar a ser feitos — em grandes tiragens — em papel impresso mecanicamente, proporcionando facilidade de leitura e transporte. Com eles, tornou-se possível, em todas as épocas, transmitir fatos, acontecimentos históricos, descobertas, tratados, códigos ou apenas entretenimento.

Como sua fabricação, a função do livro sofreu enormes modificações dentro das mais diversas sociedades, a ponto de constituir uma mercadoria especial, com técnica, intenção e utilização determinadas. No moderno movimento editorial das chamadas sociedades de consumo, o livro pode ser considerado uma mercadoria cultural, com maior ou menor significado no contexto socioeconômico em que é publicado. Como mercadoria, pode ser comprado, vendido ou trocado. Isso não ocorre, porém, com sua função intrínseca, insubstituível: pode-se dizer que o livro é essencialmente um instrumento cultural de difusão de idéias, transmissão de conceitos, documentação (inclusive fotográfica e iconográfica), entretenimento ou ainda de condensação e acumulação do conhecimento. A palavra escrita venceu o tempo, e o livro conquistou o espaço. Teoricamente, toda a humanidade pode ser atingida por textos que difundem idéias que vão de Sócrates e Horácio a Sartre e McLuhan, de Adolf Hitler a Karl Marx.

Espelho da sociedade

A história do livro confunde-se, em muitos aspectos, com a história da humanidade. Sempre que escolhem frases e temas, e transmitem idéias e conceitos, os escritores estão elegendo o que consideram significativo no momento histórico e cultural que vivem. E assim, fornecem dados para a análise de sua sociedade. O conteúdo de um livro — aceito, discutido ou refutado socialmente — integra a estrutura intelectual dos grupos sociais.

Nos primeiros tempos, o escritor geralmente vivia em contato direto com seu público, que era formado por uns poucos letrados, já cientes das opiniões, idéias, imaginação e teses do autor, pela própria convivência que tinha com ele. Muitas vezes, mesmo antes de ser redigido o texto, as idéias nele contidas já haviam sido intensamente discutidas pelo escritor e parte de seus leitores. Nessa época, como em várias outras, não se pensava no enorme percentual de analfabetos. Até o século XV, o livro servia exclusivamente a uma pequena minoria de sábios e estudiosos que constituíam os círculos intelectuais (confinados aos mosteiros no início da Idade Média) e que tinham acesso às bibliotecas, cheias de manuscritos ricamente ilustrados.

Com o reflorescimento comercial europeu em fins do século XIV, burgueses e comerciantes passaram a integrar o mercado livreiro da época. A erudição laicizou-se, e o número de escritores aumentou, surgindo também as primeiras obras escritas em línguas que não o latim e o grego (reservadas aos textos clássicos e aos assuntos considerados dignos de atenção).

Nos séculos XVI e XVII, surgiram diversas literaturas nacionais, demonstrando, além do florescimento intelectual da época, que a população letrada dos países europeus estava mais capacitada a adquirir obras escritas.

Cultura e comércio

Com o desenvolvimento do sistema de impressão de Gutenberg, a Europa conseguiu dinamizar a fabricação de livros, imprimindo, em cinqüenta anos, cerca de vinte milhões de exemplares para uma população de quase cem milhões de habitantes, a maioria analfabeta. Para a época, isso significou enorme revolução, demonstrando que a imprensa só se tornou uma realidade diante da necessidade social de ler mais.

Impressos em papel, feitos em cadernos costurados e posteriormente encapados, os livros tornaram-se empreendimento cultural e comercial: os editores passaram logo a se preocupar com melhor apresentação e redução de preços. Tudo isso levou à comercialização do livro. E os livreiros baseavam-se no gosto do público para imprimir, sobretudo, obras religiosas, novelas, coleções de anedotas, manuais técnicos e receitas.

O percentual de leitores não cresceu na mesma proporção que a expansão demográfica mundial. Somente com as modificações socioculturais e econômicas do século XIX — quando o livro começou a ser utilizado também como meio de divulgação dessas modificações, e o conhecimento passou a significar uma conquista para o homem, que, segundo se acreditava, poderia ascender socialmente se lesse — houve um relativo aumento no número de leitores, sobretudo na França e na Inglaterra, onde alguns editores passaram a produzir, a preços baixos, obras completas de autores famosos. O livro era então interpretado como símbolo de liberdade, conseguida por conquistas culturais. Entretanto, na maioria dos países, não houve nenhuma grande modificação nos índices percentuais até o fim da Primeira Guerra Mundial (1914/18), quando surgiram as primeiras grandes tiragens de livros, principalmente romances, novelas e textos didáticos. O número elevado de cópias, além de baratear o preço da unidade, difundiu ainda mais a literatura. Mesmo assim, a maior parte da população de muitos países continuou distanciada, em parte porque o livro, em si, tinha sido durante muitos séculos considerado objeto raro, passível de ser adquirido somente por um pequeno número de eruditos. A grande massa da população mostrou maior receptividade aos jornais, periódicos e folhetins, mais dinâmicos e atualizados, além de acessíveis ao poder aquisitivo da grande maioria.

Mas isso não chegou a ameaçar o livro como símbolo cultural de difusão de idéias, como fariam, mais tarde, o rádio, o cinema e a televisão.

O advento das técnicas eletrônicas, o aperfeiçoamento dos métodos fotográficos e a pesquisa de materiais praticamente imperecíveis fazem alguns teóricos da comunicação de massa pensar em um futuro sem os livros tradicionais, com seu formato quadrado ou retangular, composto de folhas de papel, unidas umas às outras por um dos lados.

Seu conteúdo e suas mensagens, racionais ou emocionais, seriam transmitidos por outros meios, como, por exemplo, microfilmes e fitas gravadas.

A televisão transformaria o mundo inteiro em uma grande "aldeia" (como afirmou Marshall McLuhan), no momento em que todas as sociedades decretassem sua prioridade em relação aos textos escritos.

Mas a palavra escrita dificilmente deixaria de ser considerada uma das mais importantes heranças culturais, para todos os povos.

E no decurso de toda a sua evolução, o livro sempre pôde ser visto como objeto cultural (manuseável, com forma entendida e interpretada em função de valores plásticos) e símbolo cultural (dotado de conteúdo, entendido e interpretado em função de valores semânticos). As duas maneiras podem fundir-se no pensamento coletivo, como um conjunto orgânico (em que texto e arte se completam, como, por exemplo, em um livro de arte) ou apenas como um conjunto textual (no qual a mensagem escrita vem em primeiro lugar — em um livro de matemática, por exemplo).

A mensagem (racional, prática ou emocional) de um livro é sempre intelectual e pode ser revivida a cada momento.

O conteúdo, estático em si, dinamiza-se em função da assimilação das palavras pelo leitor, que pode discuti-las, reafirmá-las, negá-las ou transformá-las. Por isso, o livro pode ser considerado um instrumento cultural capaz de liberar informação, sons, imagens, sentimentos e idéias através do tempo e do espaço.

A quantidade e a qualidade das idéias colocadas em um texto podem ser aceitas por uma sociedade, ou por ela negadas, quando entram em choque com conceitos ou normas culturalmente admitidas.

Nas sociedades modernas, em que a classe média tende a considerar o livro como sinal de *status* e cultura (erudição), os compradores utilizam-no como símbolo mesmo, desvirtuando suas funções ao transformá-lo em livro-objeto.

Mas o livro é, antes de tudo, funcional — seu conteúdo é que lhe confere valor (como os livros das ciências, de filosofia, religião, artes, história e geografia, que representam cerca de 75% dos títulos publicados anualmente em todo o mundo).

O mundo lê mais

No século XX, o consumo e a produção de livros aumentaram progressivamente. Lançado logo após a Segunda Guerra Mundial (1939/45), quando uma das características principais da edição de um livro eram as capas entreteladas ou cartonadas, o livro de bolso constituiu um grande êxito comercial. As obras — sobretudo *best sellers* publicados algum tempo antes em edições de luxo — passaram a ser impressas em rotativas, como as revistas, e distribuídas às bancas de jornal. Como as tiragens elevadas permitiam preços muito baixos, essas edições de bolso popularizaram-se e ganharam importância em todo o mundo.

Até 1950, existiam somente livros de bolso destinados a pessoas de baixo poder aquisitivo; a partir de 1955, desenvolveu-se a categoria do livro de bolso "de luxo". As características principais destes últimos eram a abundância de coleções — em 1964 havia mais de duzentas nos Estados Unidos — e a variedade de títulos, endereçados a um público intelectualmente mais refinado.

A essa diversificação das categorias adiciona-se a dos pontos-de-venda, que passaram a abranger, além das bancas de jornal, farmácias, lojas, livrarias, etc. Assim, nos Estados Unidos, o número de títulos publicados em edições de bolso chegou a 35 mil em 1969, representando quase 35% do total dos títulos editados.

Proposta da coleção
"A Obra-Prima de Cada Autor"

A palavra "coleção" é uma palavra há muito tempo dicionarizada, e define o conjunto ou reunião de objetos da mesma natureza ou que têm qualquer relação entre si. Em um sentido editorial, significa o conjunto não-limitado de obras de autores diversos, publicado por uma mesma editora, sob um título geral indicativo de assunto ou área, para atendimento de segmentos definidos do mercado.

A coleção "A Obra-Prima de Cada Autor" corresponde plenamente à definição acima mencionada. Nosso principal objetivo é oferecer, em formato de bolso, a obra mais importante de cada autor, satisfazendo o leitor que procura qualidade.*

Desde os tempos mais remotos existiram coleções de livros. Em Nínive, em Pérgamo e na Anatólia existiam coleções de obras literárias de grande importância cultural. Mas nenhuma delas superou a célebre biblioteca de Alexandria, incendiada em 48 a.C. pelas legiões de Júlio César, quando estes arrasaram a cidade.

A coleção "A Obra-Prima de Cada Autor" é uma série de livros a ser composta de mais de 400 volumes, em formato de bolso, com preço altamente competitivo, e pode ser encontrada em centenas de pontos-de-venda. O critério de seleção dos títulos foi o já estabelecido pela tradição e pela crítica especializada. Em sua maioria, são obras de ficção e filosofia, embora possa haver textos sobre religião, poesia, política, psicologia e obras de auto-ajuda. Inauguram a coleção quatro textos clássicos: *Dom Casmurro*, de Machado de Assis; *O Príncipe*, de Maquiavel; *Mensagem*, de Fernando Pessoa e *O Lobo do Mar*, de Jack London.

Nossa proposta é fazer uma coleção quantitativamente aberta. A periodicidade é mensal. Editorialmente, sentimo-nos orgulhosos de poder oferecer a coleção "A Obra-Prima de Cada Autor" aos leitores brasileiros. Nós acreditamos na função do livro.

---

* Atendendo a sugestões de leitores, livreiros e professores, a partir de certo número da coleção, começamos a publicar, de alguns autores, outras obras além da sua obra-prima.

A ti,
a quem já pertence

Prefácio

DÁRCIO DEZOLT

Como entender o sucesso das obras de Joel S. Goldsmith? Como explicar com que facilidade expõe, nas entrelinhas de suas obras, a profunda verdade transcendental? O trecho transcrito a seguir, de sua autoria, certamente tem a ver com as respostas a tais perguntas: "Ninguém possui uma mensagem pessoal. Não existe o que chamaríamos de mensageiro de Deus. Deus é Seu próprio mensageiro, e aparece à consciência humana no exato instante da demonstração". Por "demonstração" entende-se "cura espiritual".

Goldsmith impersonalizava as revelações. Suas aulas e palestras tinham como preparo apenas uma atitude de silêncio e escuta, até que as mensagens fluíssem pela sua mente transparente à verdade. E o material gravado em fitas foi sendo compilado, editado e publicado em livros. A frase do Salmo 127, que diz: "Se o Senhor não edificar a casa, em vão trabalham os que edificam" é presença obrigatória na abertura de todos os seus títulos. O presente volume, *O Caminho Infinito*, recebe o nome que também foi escolhido para ser a expressão que define todo o seu trabalho de divulgação da Verdade, e teve grande parte de seu conteúdo escrito de próprio punho pelo autor. O capítulo das "Sabedorias", por exemplo, encerra uma compilação de revelações esparsas que Goldsmith colecionou ao longo de sua trajetória espiritual. São frases que lhe vinham a qualquer hora do dia ou da noite, e que eram anotadas, uma a uma, como verdadeiros tesouros. O leitor atento, e desejoso de discernir a Realidade divina, por certo irá perceber a importância e o valor que este capítulo representa ao lado de todos os demais.

Tomei conhecimento de Goldsmith alguns anos após ter passado por algumas experiências espirituais profundas. Dividia meu tempo entre a busca da Verdade e as atividades da profissão de engenheiro, que na época exercia. Estando a negócios no sul do Brasil, fazendo hora num aeroporto e aguardando chamada para o vôo, eis que, passando pela livraria, pude notar o seguinte título: *A Arte de Curar pelo Espírito*. Nessa época, toda literatura sobre iluminação espiritual chamava-me a atenção. Queria achar mais alguém que tivesse passado por experiências interiores iguais às minhas. Assim, adquiri o livro e, para minha surpresa, pude observar a pureza, a simplicidade e a profundidade com que os temas elevados eram desenvolvidos. Maravilhosas e oportunas eram também as palavras de abertura escritas pelo tradutor, o Prof. Huberto Rohden. Gostaria de registrar o seguinte trecho: "Há quase dois mil anos que o maior dos curadores disse: 'Conhecereis a Verdade — e a Verdade vos libertará', e há quase vinte séculos que os homens vivem escravizados pela inverdade; ouviram a mensagem da Verdade libertadora, creram nela, repetiram-na em discursos, sermões e livros, mas não a realizaram na sua vida diária e não foram libertos de seus males, porque não se libertaram das suas maldades pelo poder do Espírito. É chegada a hora de tomarmos a sério a mensagem do Cristo e realizarmos o homem *crístico*, em espírito e verdade — o homem de perfeita santidade, sapiência e sanidade — o homem integral". Creio que estas palavras são ainda mais oportunas nos dias atuais. A partir de então, a obra de *O Caminho Infinito* mereceu de minha parte uma atenção toda especial, até que, posteriormente, acabei por conhecer praticamente todos os escritos de Goldsmith.

A obra de *O Caminho Infinito* se compõe de três pontos básicos: a natureza de Deus, a natureza do ser individual e a natureza da ilusão. Os princípios vão contra tudo aquilo que a mente humana condicionada costuma aceitar. Goldsmith mantinha, ele próprio, livros de sua autoria para serem lidos e relidos. Digo isto porque há pessoas que lêem livros de auto-realização como se lessem um romance, do início ao fim, uma única vez, e saem em busca de outros livros para repetirem este esquema. A coisa não funciona assim. Cada revelação deve ser reconhecida como válida para o leitor exatamente neste aqui e agora. Como o livro fala por si mesmo, estou preferindo, neste prefácio, falar sobre como ele deve ser encarado, para que seu conteúdo não fique somente no âmbito teórico ou intelectual. Voltemos às palavras do Prof. Rohden: "É chegada a hora de tomarmos a sério a mensagem do Cristo!". Se assim fizermos, o livro terá cumprido o seu objetivo. Que objetivo? Revelar a natureza divina do suposto ser humano. Trata-se de um obra para, além de ser lida, ser principalmente vivida na prática. Era da vontade do autor que estes princípios fossem conhecidos e praticados por seguidores de todas as religiões ou denominações, a exemplo de Jesus que disse: "Quem não é contra nós é por todos nós." (Lucas, 9:50).

Goldsmith sabia bem a diferença entre imortalidade e longevidade. Após anos de bem-sucedida carreira de prática de cura espiritual, chegou à conclusão de que nada estava fazendo, senão adiar as datas a serem postas nos túmulos de seus pacientes. Assim, passou a se dedicar mais ao ensino da Realidade absoluta, transmitindo aos interessados o conhecimento de que, sendo o homem a própria individuação de Deus, é ele a própria imortalidade.

Joel S. Goldsmith fez sua "transição" em 17 de junho de 1964. Em mensagem deixada com sua esposa, Emma, disse "estar preparado para realizar maiores obras por detrás do cenário". Mas, no meu entender, também no cenário visível estas obras continuam presentes, pois, cada um de seus livros é um "Goldsmith", tal é a unidade que sinto haver entre ele, suas obras, e Deus.

Palavras de um colaborador

Este livro nos lembra de que o grande Poder necessário para dissipar o erro que nos circunda pode ser encontrado dentro de nós mesmos – e mostraremos como isso pode ser conseguido.

Como nunca, anteriormente, buscamos algo que nos liberte do medo, da ansiedade e dos perigos da vida material. Sabemos que o que quer que seja que nos traga repouso mental e paz de espírito não se encontra no reino do pensamento humano.

Vivemos na ilusão de que as forças materiais e a vontade humana sejam grandes poderes, até que aprendemos que o poder que dissipa tal ilusão reside dentro do nosso próprio ser.

Dentro da nossa consciência há a "Paz e a quietude" que podem acalmar qualquer tempestade da vida, sanar nossos males, e elevar-nos para além das contendas e fadigas da existência humana.

Nosso papel está em reconhecer a sua presença dentro de nós e deixar que cumpra o seu trabalho.

Este Poder universal da Verdade, da Vida e do Amor nos pertence independentemente de qual seja a igreja que freqüentamos ou a filosofia que seguimos. Ele mora no âmago de cada indivíduo, seja santo ou pecador, esperando apenas ser reconhecido.

A consciência de que o poder humano não regula o sol e as estrelas no céu, o fruto da terra, e o adejar das aves no ar, é a fé suficiente para remover montanhas de discórdias. Nenhuma fé maior será necessária.

O que podemos fazer para nos salvarmos dos males e do terror de nossos dias? Deixe a mensagem deste livro preencher sua consciência com seu significado espiritual, e tenha paciência; *deixe* a harmonia da existência espiritual desabrochar do seu interior e guiá-lo para longe da escravidão dos sentidos, para a terra prometida da paz.

Joel S. Goldsmith, autor deste livro, buscou a Verdade em todas as grandes religiões e filosofias. Dedicou muitos anos à prática da cura e aconselhamento em todos os contingentes da vida humana.

Seu desenvolvimento da Luz Interior popularizou-se através de suas Cartas, que tiveram ampla circulação por diversos anos. Formaram-se grupos de estudo por todos os Estados Unidos para o aprofundamento nos escritos de Goldsmith.

Introdução

JOHN VAN DRUTEN

Sentado diante de uma folha de papel em branco, pensando no que iria escrever como introdução para este livro que conheço tão bem, folheei suas páginas em busca de alguma frase ou passagem que me servisse como início; percebi que meus pensamentos galopavam para longe, para o mistério fundamental da minha profissão de escritor — o mistério de como começou a me chegar o fluxo de palavras, destas palavras que iria escrever, das palavras que escrevo agora. Preciso mesmo dizer que esta não foi a primeira vez que esta questão me surgiu; aliás, ela ressurge toda vez que me encontro sem idéia do que irei escrever a seguir, e me faz indagar de onde elas me vêm, os muitos milhares de palavras e pensamentos que escrevi, reproduzidas pela imprensa ou expostas em um palco.

Este é o tipo de pergunta que alguém se faz apenas em tais momentos de perplexidade; na maior parte das vezes, tomamos como óbvias estas coisas que são na realidade os milagres diários da vida, tais como o brotar e o crescer, espalhar sementes num jardim e não se maravilhar que surjam flores destas coisinhas pretas, no próximo verão.

Esta atitude é aquela que G.K. Chesterton sempre censurava ao mundo, por tornar seus mistérios e seus milagres como coisas corriqueiras. Este é o tema do seu pouco conhecido trabalho *Manalive*, cujo herói vivia em estado de permanente deslumbramento diante do milagre da vida e era tão ansioso para manter vivo tal deslumbramento que deu a volta ao mundo para reviver a emoção de chegar à sua própria casa, diante da sua porta, cortejar, raptar e casar com sua própria mulher, com seis nomes diferentes, de modo a nunca deixar murchar a incrível maravilha que é o amor.

É trágico que nós vivamos neste estado de passividade, embora as necessidades da vida diária pareçam solicitar a continuidade de nossos negócios ou trabalho. Usei "pareçam" propositalmente, pois eu acho que, de fato, a verdade é exatamente o contrário, e aquilo que foi chamado de uma "vida plena e rica" é impossível de acontecer nessas bases.

Mesmo uma vida comum e monótona torna-se difícil; seus mecanismos enguiçam e as adversidades e infortúnios tornam-se sólidos obstáculos contra os quais se quebra inutilmente a cabeça.

Nesses momentos, o homem começa a se questionar sobre o mundo em que vive buscando explicações, socorro ou apoio.

As religiões, em suas formas convencionais que apresentam um Deus pessoal, a quem são dirigidas as preces e petições, provaram ser estéreis e conduzem a uma resignação piedosa e sombria; e a filosofia do puro materialismo, aceitando que "as coisas são assim mesmo", leva apenas a um calamitoso desespero.

Algo mais se faz necessário; sempre foi necessário e, embora sempre esteja presente, parece que os homens nunca o encontram.

Este algo escapou ao homem por entre os escritos dos que buscaram a Verdade sobre o eterno mistério, desde os orientais Lao-Tsé e Shankara, passando por Jesus, pelos místicos europeus da Idade Média e pelos pensadores do Novo Mundo.

Em essência, ensinaram todos as mesmas coisas e por isso Aldous Huxeley chamou a sua Antologia do Pensamento Religioso de "*Filosofia Eterna*".

Mas as respostas, embora tenham sido reveladas, ficaram distantes, "lá longe", desligadas do viver quotidiano do homem e de seus fatos e disso resultou um tipo de esnobismo infeliz, como se fosse errado esperar da vida resultados práticos e tangíveis.

Assim o homem foi induzido a um dualismo fatal, tentado a viver simultaneamente em dois planos distintos, o plano material e o espiritual, ambos aparentemente reais mas sem relação compreensível entre si, como se fossem dois sócios de uma firma que nunca se falassem.

Posto isso, parece-me que este livro vai além, desmascarando a dualidade, mostrando que os dois sócios são apenas um, que o mundo é apenas um e que as verdades eternas estão entretecidas em nossa vida diária, expandindo sua harmonia e anulando as discórdias.

Mas que é este livro? Os leitores de hoje querem um título, querem saber o que estão comprando. Mas um título poderia desorientá-los e, por isso, acho muito difícil qualificar este trabalho.

Metade da humanidade, embora necessite desesperadamente de uma resposta, conscientemente, para seus problemas, não abrirá um livro classificado como religioso.

Se arranjasse um título do tipo "Como ser mais saudável, mais rico e mais feliz", provavelmente seria um sucesso de vendas, mas os leitores exigentes e de maior discernimento se afastariam dele como de algo malcheiroso. Se usasse a palavra "metafísica", soaria como algo distante e intelectualizado.

Se o apresentar como um volume de ensaios, teremos a compreensão do porque hoje Emerson é lido quase exclusivamente como literatura, e não porque tenha as respostas para tais perguntas.

Será possível atingir a todos pelo mesmo caminho? A própria palavra Deus é para muitos aterradora; e ela perpassa este livro todo.

O impulso que tenho de me justificar por escrever tudo isso, dá bem uma idéia do meu problema.

Ora, se é difícil rotular o livro, mais difícil ainda é rotular seu autor. Quem é e o que é Goldsmith? Um Mestre? Um curador? Tais palavras são no mínimo suspeitas e inquietantes para a maioria e seriam também repudiadas pelo próprio autor, visto que sua filosofia aponta para a renúncia de qualquer elemento pessoal tanto no ensino como na cura.

Relembrando uma passagem deste livro: "Sempre houve homens que trouxeram a divina mensagem da presença de Deus e da irrealidade do mal, que trouxeram a Luz da Verdade aos homens, e sempre estes entenderam tais mensageiros como sendo a própria Luz, por não conseguir ver que aquele que tomavam como alguém 'de outro mundo' era a Luz da Verdade dentro de sua própria consciência".

Deixarei, pois, por ora, o homem e o livro de lado para voltar ao ponto de partida.

Nos momentos de apuro e frustração, o homem começa a se questionar, mesmo que sejam só perguntas como estas: "Por que deveria acontecer isto comigo?" ou "Como posso evitar tais acontecimentos?". Busca uma explicação para o mundo e, creio eu, a encontrará aqui, neste livro. Ele espera que tal esclarecimento possa, de algum modo, agir como cura para suas mazelas. Creio também que, se a compreensão for correta, isso acontecerá.

Contudo, devo novamente deixar aqui um alerta: logo nas primeiras páginas, o leitor encontrará um paradoxo que poderá assustá-lo. Ele se acerca deste livro tendo um problema humano, na esperança de encontrar uma solução. Mas está dito que se procurar usar a verdade espiritual para melhorar a condição humana, não terá nem poder nem vontade para fazê-lo.

E isso lhe será mostrado com argumentos lógicos. Mas também está dito que se procura a verdade por si mesma, sua condição humana melhorará. Isto se parece com algo de fabuloso, algo como um desafio impossível proposto por um mago malicioso.

Contudo, é notável que muitas vezes haja um fundo de verdade universal nos contos de fada.

Há uma lenda sobre um alquimista que prometera transformar qualquer coisa em ouro, "desde que ninguém do auditório pensasse em um macaco azul". Pelas condições, poderia substituir por "contanto que ninguém pensasse em ouro".

Isto parece impossível, mas pode acontecer. Deve acontecer. "Buscai primeiro o reino de Deus e a sua justiça, e todas essas coisas vos serão dadas de acréscimo." Mas não vos deveis preocupar com estas outras coisas.

O importante deste livro é que ele ensina a olhar para fora dos problemas, em vez de olhar para eles e, assim fazendo, encontrar as soluções, tal como eu, que deixando de olhar para o meu problema do que escrever como introdução deste livro, bem ou mal a escrevi.

Não é uma tarefa fácil o que se propõe, mas a reputo como essencial. Acho que sem um pouco de compreensão dos ensinamentos deste livro, simplesmente não vale a pena viver.

Prefácio do autor

Há um *caminho* pelo qual podemos nos libertar do pecado, da doença, da pobreza e das conseqüências das guerras e das crises econômicas. Este caminho consiste na mudança da nossa visão materialística da existência pela compreensão e consciência da espiritualidade da vida.

Ao longo dos séculos, a visão materialística do universo e do homem gerou o medo acerca de nós mesmos e de nossas nações. Isto continuará e até mesmo se intensificará à medida que sejam descobertas forças materiais sempre mais destrutivas.

A última descoberta anunciada foi um produto químico do qual bastaria apenas uma onça para destruir toda a população dos Estados Unidos e do Canadá, e mesmo este não seja talvez o máximo das forças materiais.

Não há poder material que supere isto ou o da bomba atômica, não há esperança na matéria e na visão materialística. O *caminho* da segurança, da harmonia e da saúde está em obter um certo grau de consciência espiritual.

O grande segredo está em que, apesar de crermos o contrário, o poder não está na matéria ou na visão materialista sobre o homem e o universo, tanto para o bem como para o mal.

Aqueles que alcançaram um certo grau de consciência espiritual, comprovam a realidade do Espírito.

A necessidade de abandonar a concepção materialística da vida para obtermos a consciência espiritual da vida e de seus desdobramentos, é o segredo de todos os videntes, profetas e santos de todos os tempos. Que tudo isto é praticável, é demonstrado pelos trabalhos de cura e regeneração feitos por muitos estudiosos de modernas escolas de Cristianismo científico ou prático. Quando o mundo perceber que todo sucesso obtido em melhorar as condições de saúde e de segurança por estes seguidores modernos dos antigos ensinamentos foi possível apenas através da renúncia à visão materialista em favor da obtenção da consciência espiritual, poderemos ter novas esperanças.

A questão é: Que pode o homem fazer para obter esta consciência espiritual e com isso abandonar o sentido materialista? A resposta é: "Leia e estude as verdades reveladas ao longo dos tempos sobre a Consciência universal, Alma ou Espírito e sobre a criação espiritual e suas leis. Absorva o sentido destas revelações".

Neste pequeno livro descrevi a verdade espiritual como a visualizei durante mais de trinta anos de estudos das maiores religiões e filosofias de todos os tempos, dos quais os últimos quinze empregados em aplicar praticamente as verdades aos problemas da existência humana — problemas de saúde, de negócios, de vida familiar e segurança.

Tenha a certeza de que, à medida que você se voltar para a consciência espiritual, encontrará a paz, e o seu dia-a-dia se tornará mais calmo. O mundo externo se amoldará à compreensão interior da Verdade.

A testemunha de todas estas revelações será você mesmo, na medida em que vivenciar as transformações interiores e exteriores.

Não é preciso sair para ver melhor,
nem assomar à janela.
Habite apenas no centro do seu ser;
quanto mais dele se afastar, menos saberá.

LAO-TSÉ

A verdade está dentro de nós.
Há um centro profundo em todos nós,
onde mora a Verdade em sua plenitude;
e, para saber, antes rasgar um caminho
por onde possa sair o esplendor cativo
que mergulhar na luz que imaginamos externa.

ROBERT BROWNING

Um Deus fez sua morada em nosso peito:
quando Ele nos desperta, a chama da inspiração
nos aquece; este supremo êxtase brota das sementes
que a mente divina semeou no homem.

OVÍDIO

Muitos não assumem o problema para si mesmos,
não para o recôndito de sua própria mente, mas
para o primeiro grupo de pessoas que encontram.

VALDIVAR

O reino de Deus está dentro de vós.

JESUS

CAPÍTULO I

Assumindo a imortalidade

"No princípio era o Verbo, e o Verbo era com Deus, e o Verbo era Deus... E o Verbo se fez carne..."

"O Verbo se fez carne" — mas ainda é o Verbo. Não mudou sua natureza, sua qualidade ou substância por ter-se feito carne. A Causa tornou-se visível como efeito, mas a essência ou substância continua sendo o Verbo, o Espírito ou Consciência.

Por este prisma, podemos compreender que não há um universo espiritual *e* um universo material, mas que o que se nos apresenta como o nosso mundo é o Verbo feito carne, o Espírito tornado visível, ou a Consciência que se expressa como idéia.

Todo o erro que se consumou durante os séculos baseia-se na teoria ou crença em dois mundos, um sendo o reino celeste ou vida espiritual e o outro um mundo material ou existência mortal, separados um do outro.

Apesar desta crença em dois mundos, o homem sempre tentou levar a harmonia às mazelas da existência humana, tentando, por meio da oração, fazer contato com tal outro mundo, ou reino espiritual, para que o Espírito, ou Deus, atue na chamada existência material.

Comecemos por entender que o nosso mundo não é um mundo errôneo, mas trata-se do reino da realidade do qual mantemos um falso conceito. Para obtermos saúde e harmonia em nossa vida, não temos de nos desfazer nem mesmo mudar este universo material e efêmero, mas bastará corrigirmos a visão limitada que temos da nossa existência.

O pesquisador da verdade começa sua busca com um problema — talvez com vários deles. Os primeiros anos de sua busca são empregados na superação da desarmonia e na cura das doenças pela oração a um Poder mais alto ou pela aplicação das leis espirituais ou da verdade às condições humanas. Chega, porém, o dia em que percebe que a aplicação da verdade aos problemas humanos já não funciona mais, ou, pelo menos, não como funcionava no início, e que já não traz a mesma inspiração e satisfação aos seus estudos.

Por fim receberá, eventualmente, a grande revelação: os mortais podem assumir a imortalidade apenas na medida em que anulem a mortalidade — eles não podem acrescentar harmonia de espiritualidade imortal às condições humanas. Deus não criou nem rege as coisas humanas. "O homem natural não compreende as coisas do Espírito de Deus, pois que lhe parecem loucura: nem pode entendê-las, porque só se podem discernir espiritualmente."

Estaremos nós buscando as "coisas do Espírito de Deus" com algum propósito humano? Ou de fato estamos nos esforçando para nos livrar do que é mortal, para podermos contemplar a harmonia do reino espiritual?

Enquanto lutamos e combatemos os pretensos poderes deste mundo, combatendo a doença, o pecado e a carência, o sentido espiritual, por sua vez, revela-nos que "O meu reino não é deste mundo". Somente quando soubermos transcender o desejo de melhorar nossa vida humana é que compreenderemos o sentido desta mensagem vital; quando deixamos os limites do aperfeiçoamento humano, temos o primeiro vislumbre do significado das palavras: "eu venci o mundo".

Não teremos vencido o mundo enquanto mais buscarmos seus prazeres e menos desejarmos suas dores. E se não superarmos a postura de luta contra as coisas do mundo, não entraremos no reino das coisas do céu.

"Porque todo o que é nascido de Deus, vence o mundo." A consciência espiritual vence o mundo — tanto os prazeres como as dores do mundo. Não podemos conseguir a evangelização da humanidade pelo poder mental ou pela força física, mas apenas pela visão espiritual da vida, que pode ser cultivada por todos que devotam seus pensamentos às coisas do Espírito.

"Porque tudo o que está no mundo, os prazeres da carne, os prazeres dos olhos, o orgulho, não vem do Pai, vem do mundo." Observemos, por um pouco de tempo, nossos pensamentos, nossas ambições e interesses e vejamos se a nossa mente está voltada para a nossa saúde, para os prazeres dos sentidos ou para os ganhos mundanos. Se constatarmos tais pensamentos mundanos, aprendamos a afastá-los, pois já não estamos no caminho do aperfeiçoamento das coisas humanas, mas a caminho do reino espiritual.

"Não tenhas amor ao mundo nem ao que é do mundo. Pois no homem que ama o mundo não está o amor do Pai." Significaria isto que devemos nos tornar ascetas? Deveríamos desejar uma vida diferente do que é normal, alegre e de sucesso? Não nos enganemos. Somente aqueles que aprenderam a manter sua atenção nas coisas do espírito saborearam a completa alegria do lar, do companheirismo e dos empreendimentos de sucesso. Somente aqueles que em certo grau se centraram em Deus encontraram segurança, proteção e paz em um mundo combalido pela guerra. O pensamento espiritual não nos afasta do nosso meio normal, não nos priva do amor e do companheirismo tão necessários para uma vida plena. Ele apenas coloca tudo isto em um nível mais alto, onde não mais dependemos da sorte, das mudanças ou do azar, onde se manifesta o valor do que chamamos de cenário da vida.

"Não vos esforceis pelo alimento que perece, mas pelo alimento que dura pela vida eterna... Pois que o Reino de Deus não consiste em comer e beber, mas na justiça, na paz e no contentamento no Espírito Santo."

Quando nos defrontarmos com um problema humano, em vez de nos esforçarmos para melhorar as humanas condições, afastemos essa imagem e concentremo-nos na presença do Espírito divino em nós. Esse Espírito dissolve as aparências humanas e revela a harmonia espiritual, ainda que essa harmonia se nos apresente como uma melhora de saúde ou de riqueza. Quando Jesus alimentou as multidões, o que apareceu como pão e peixe foi a sua consciência espiritual de abundância. Quando curou os doentes, foi o seu sentimento da Presença Divina que se manifestou como saúde, força e harmonia.

Tudo isso pode ser resumido nas palavras de Paulo: "Voltai vosso olhar para as coisas do alto, não para as coisas da terra".

Vivemos em um universo espiritual, mas a finitude de nossos sentidos desenhou para nós uma imagem de limitações. Enquanto tivermos nossos pensamentos voltados para o cenário à nossa frente — "este mundo" —, estaremos nos esforçando para melhorá-lo ou mudá-lo. Mas, assim que elevarmos nosso olhar e não mais nos preocuparmos com o que comer, beber ou vestir, começaremos a perceber a realidade espiritual; e embora nos pareça apenas uma crença mais perfeita, é de fato a manifestação mais intensa da realidade. Esta manifestação traz consigo uma alegria inimaginável, aqui e agora, uma satisfação com a qual nem sonhamos e o amor de todos com quem fazemos contato, mesmo daqueles que desconhecem a fonte da nova vida que descobrimos.

"Deixo-vos a paz, a minha paz vos dou. Não como o mundo a dá." "Não recebemos o espírito do mundo, mas o Espírito que vem de Deus... Coisas que também falamos, não com as palavras ditadas pela sabedoria dos homens, mas como as ensina o Espírito Santo... O homem natural não compreende as coisas do Espírito, que lhe parecem loucura; nem pode compreendê-las porque elas se discernem espiritualmente."

Quantas vezes nos enganamos neste ponto! Com quanta freqüência tentamos compreender a verdade espiritual com nosso intelecto humano! E isso leva à indigestão mental, pois que tentamos digerir alimento espiritual com nossa mente erudita.

Isso não funciona. A verdade não é um processo de raciocínio, e por isso só pode ser entendida espiritualmente. A verdade não está normalmente na esfera do nosso entendimento, e, quando parece estar, deve ser investigada mais profundamente para verificar sua autenticidade. Temos de desconfiar de uma verdade que nos pareça fácil de compreender.

Jesus caminhou sobre as águas, alimentou multidões com poucos pães e peixes, curou os doentes e ressuscitou os mortos — parece aceitável para o seu intelecto? Se o princípio subjacente a essas experiências pudesse ser entendido com a inteligência, todas as igrejas o ensinariam como um meio viável e recomendariam seu uso. Este princípio, porém, só é apanhado pelo sentido espiritual, e esta consciência espiritual elevada pode fazer as coisas que o Cristo fez. Aquilo que foi possível à Cristo-consciência no tempo de Jesus, é possível à mesma Consciência agora.

Cultivando este sentido espiritual, nosso sucesso será tanto maior na proporção que abandonarmos o esforço mental e nos tornarmos receptivos às coisas que o Espírito de Deus nos ensina. Em vez de tentarmos fazer que o Espírito atue sobre nossos corpos e nossas coisas materiais, aprendamos a desviar nosso olhar desses quadros terrenos, dirigindo-o para as coisas do alto. Quando "descermos novamente à terra", perceberemos que as desarmonias e as limitações dos sentidos desapareceram, e apareceu mais claramente a Realidade.

O Reino de Deus não consiste em mais e melhor matéria, nem encerra um mais rico vocabulário sobre a verdade. Todavia, os frutos da compreensão espiritual são uma maior harmonia, paz, prosperidade, contentamento e amizades e relacionamentos mais próximos do ideal.

Assim compreendemos que "agradecemos por isso continuamente a Deus pois vós, que recebestes a palavra de Deus ouvida de nós, não a recebestes como palavra humana, mas como ela é de fato, a palavra de Deus que atua sobre vós para que nela creiais".

Para recebermos a Palavra de Deus, ou sentido espiritual, precisamos mais sentir que raciocinar.

E é a isso que a Bíblia se refere com a expressão receber a palavra "no coração". Notemos que o desenvolvimento da consciência espiritual redunda em maior capacidade de intuir a harmonia do Ser. Compreendemos que nem a visão, nem o ouvido, o tato, o olfato ou o paladar podem nos revelar a verdade espiritual ou sua harmonia; por isso tal revelação só pode nos acontecer através de outra faculdade, a intuição, que atua pelo sentimento.

Até o momento, ao orar ou meditar, vinha-nos de imediato uma enxurrada de palavras e pensamentos. Talvez estivéssemos começando a reafirmar a verdade e a rejeitar o erro. É, porém, evidente que isso ocorria completamente no domínio da mente humana.

Ao cultivarmos o sentido espiritual tornamo-nos receptivos aos pensamentos que emanam das profundezas do nosso ser. Mais do que falar a Palavra, tornamo-nos seus ouvintes. Nesse estado, a sintonia com o Espírito é tal que sentimos a harmonia do Ser; sentimos a presença real de Deus. Transcendidos os cinco sentidos materiais, nossa faculdade intuitiva fica desperta, receptiva e sensível às coisas do Espírito; e após este renascimento espiritual, começamos uma nova existência.

Estávamos, até aqui, ocupados com a palavra da Verdade; e daqui em diante nos ocuparemos apenas com o Espírito da Verdade. Já não nos interessa saber o que seja a Verdade, mas sim em sentir a Verdade. E isso conseguimos na medida em que dedicarmos menos empenho na letra do que à receptividade e ao sentir. A palavra "sentir", aliás, se refere também à revelação, à consciência e ao sentido da verdade. Agora já não estamos falando da verdade, e sim recebendo a verdade, e aquilo que recebemos no silêncio, podemos falar abertamente e com autoridade.

A cura espiritual é o resultado natural de uma consciência divinamente iluminada. Mas esta iluminação só nos é dada na medida em que estejamos receptivos e sensíveis a ela.

É um mal entendido associarmos a idéia de imortalidade à pessoa humana ou ao sentido individualista de eu. A morte não produz a imortalidade nem põe fim ao sentido do eu, e tampouco a continuação do humano viver leva à obtenção da imortalidade.

Obtemos a imortalidade na medida em que superamos o sentido pessoal do eu, nesta vida ou depois dela. E, ao nos despojarmos do nosso ego e alcançarmos a consciência do nosso Eu verdadeiro — nossa Realidade, ou Consciência divina —, chegamos à imortalidade. E isso pode acontecer aqui e agora.

Ao contrário, o desejo de perpetuarmos nosso falso conceito de corpo e seu bem-estar nos amarra à morte, nos enleia na mortalidade.

O primeiro passo para obtermos a imortalidade é viver a partir do centro do nosso ser, como uma idéia de desdobramento do nosso íntimo, mais que a idéia de acréscimo vindo de fora.

É mais no sentido de *dar* do que de *receber*; de *ser* mais que *obter*. Nessa consciência não há julgamento ou crítica, ódio ou medo, e sim um sentimento contínuo de amor e de perdão.

Não é coisa fácil descrever a alegria e a paz da imortalidade, pois para aqueles que não querem abandonar seus atuais conceitos de ser, ela pode transparecer um processo de extinção. Mas não é bem isso: ela é a eterna preservação de tudo o que é real, belo, nobre, harmonioso, gracioso, altruísta e pacífico. É a *realidade*, trazida à luz, em substituição à ilusão dos sentidos. É o despertar da consciência da infinitude do ser individual, em substituição ao sentido finito de existência. O egoísmo e o amor-próprio se vão de nós quando temos a percepção da divindade do nosso ser.

Esta percepção nos ensina a ser pacientes e indulgentes com aqueles que ainda lutam com a consciência material, mortal. E isto é estar *no* mundo, e não ser *do* mundo.

CAPÍTULO II

Iluminação espiritual

A iluminação espiritual nos capacita discernir a verdade espiritual quando se nos apresenta um conceito meramente humano. A consciência espiritual reconhece a verdade naquilo que aparece como um conceito.

O desenvolvimento da consciência espiritual começa quando, pela primeira vez, percebemos que aquilo que apreendemos através dos sentidos da visão, da audição, do olfato, do tato e do paladar não é a realidade das coisas. Retirando por completo a atenção das aparências, o primeiro raio da iluminação espiritual nos traz um fulgor do divino, do eterno e do imortal. Isso, por sua vez, torna as aparências menos reais para nós, tornando-nos assim mais receptivos à iluminação.

Nosso progresso rumo ao Espírito ocorre na medida da nossa iluminação, o que nos capacita apreender cada vez mais a Verdade. O enfoque usual da vida se deve a uma interpretação errônea, devida à falsa percepção das coisas; por isso devemos abandonar qualquer intenção de curar, corrigir ou mudar o cenário material para que possamos ver a Verdade nele oculta.

A iluminação espiritual começa a nos ser concedida quando da primeira busca da Verdade de nossa parte. Acreditamos estar procurando o bem e a Verdade; contudo, foi a luz que começou a brilhar em nossa consciência e nos impeliu a dar aqueles primeiros passos.

Todo aumento de nossa compreensão espiritual representa mais luz para nós, que expulsa as trevas dos sentidos. Este fluxo de iluminação continuará até que tenhamos compreendido por inteiro que a nossa verdadeira identidade é a "luz do mundo". Sem a iluminação, lutamos contra as forças do mundo, trabalhamos para viver, nos esforçamos para manter nossa posição e competimos por riquezas e honrarias. Muitas vezes lutamos contra nossos amigos, para acabarmos percebendo que lutamos contra nós mesmos. Não há segurança nas posses materiais, mesmo que tenhamos vencido a luta pela sua obtenção.

A iluminação nos traz primeiro a paz, e depois a confiança e a segurança; isto nos dá repouso das contendas do mundo, e então todo o bem flui para nós pela Graça. Podemos agora perceber que não vivemos pelo que ganhamos ou conquistamos; vivemos, sim, pela Graça.

Tudo que temos é dádiva de Deus; nós não ganhamos o nosso bem, pois que já o possuímos.

"Filho, tu estás sempre comigo, e tudo que tenho é teu."

Os prazeres e os sucessos do mundo nada são se comparados com as alegrias e os tesouros que se desdobram diante de nós pela consciência espiritual. À luz da Verdade, os maiores triunfos e felicidades mundanas são como nada, diante dos tesouros da Alma e sua imensa glória, insondável e desconhecida pelos sentidos.

Possuindo a Luz divina dentro de si, ganha o homem sua liberdade do mundo, e a segurança contra todos os perigos terrestres e humanos. Nosso momento histórico tem amedrontado e assustado a muitos. Os espiritualmente iluminados reconhecerão que nenhum bem aparece ou desaparece, que a atividade espiritual tem por natureza a realização, e que, como a sua iluminação lhes revelou a verdade dos fatos, eles estão ancorados à Alma, à consciência divina, à paz espiritual, à segurança e à serenidade.

Não mais temeremos as mudanças das condições exteriores, que não passam do reflexo da totalidade interior. Com a certeza de que somos consciência espiritual individual, embora infinita, e que incorpora todo o bem, não mais precisamos levar em consideração aquilo que os sentidos nos mostram.

A iluminação espiritual revela a harmonia do Ser e dispersa as aparências captadas pelos sentidos materiais. Ela nada muda no universo, pois que o universo é espiritual, habitado pelos filhos de Deus, mas muda nossa visão do universo.

Este é apenas o começo deste vasto tema, e enquanto discutimos a seu respeito, mantenhamos nosso pensamento o mais longe possível do mundo dos sentidos e ancorado à conscientização da realidade espiritual.

Sempre houve homens que trouxeram a divina mensagem da presença de Deus e da irrealidade do mal: Buda, na Índia, Lao-Tsé, na China, Jesus de Nazaré. Estes, e muitos outros, trouxeram a Luz da Verdade aos homens, e os homens sempre tomaram os mensageiros como se fossem a Luz, sem perceber que aqueles que pensavam ser alguém "exterior" eram a Luz da Verdade dentro de sua própria consciência.

Na adoração de Jesus, os homens perderam o Cristo. Na sua devoção a Jesus, não perceberam o Cristo; procurando o bem através de Jesus, não encontraram o Cristo onipresente em sua própria consciência.

Em todos os casos, o mensageiro que apareceu aos homens foi a vinda do Cristo à consciência individual, e quando isto for compreendido o homem terá alcançado a libertação do conceito de "pessoa" e de limitação pessoal.

Jesus disse "... se eu não for, o Consolador não virá até vós". Isso não ficou bastante claro, para que todos compreendessem? Se não pudermos ver além do sentido pessoal de salvação, de mediação e guia, nunca encontraremos a grande Luz dentro de nossa própria consciência.

A iluminação espiritual não vem de uma pessoa, mas do Cristo impessoal, da Verdade universal, da consciência iluminada do nosso Eu.

A iluminação espiritual dispersa a visão do "eu pessoal" com seus problemas, doenças, idades e erros. Revela o Eu verdadeiro, o Eu que Eu Sou, ilimitado, irrestrito, sem problemas, harmonioso e livre. Este *Eu em nós* nos será revelado quando nos recolhermos dentro de nós mesmos diariamente e aprendermos a "ouvir" e a observar. Assim, em vez de ficarmos ansiosos sobre o trabalho do dia, ou sobre os eventos futuros, deixemos que a Alma, ou Espírito divino, vá à nossa frente aplanando e preparando o caminho, e deixemos que esta influência divina permaneça à nossa retaguarda, salvaguardando cada passo das ilusões dos sentidos.

A consciência iluminada sempre sabe que existe uma Presença infinita, todo-poderosa, que faz prosperar todos os atos e que abençoa todos os pensamentos. Sabe que todos aqueles que cruzam o nosso caminho sentem a bênção do nosso pensamento.

Quando a consciência está inflamada com a Verdade e o Amor, destrói todo sentido de medo, toda dúvida, todo ódio, inveja, doença e discórdia — e esta pura consciência é percebida por todos a quem encontramos, e lhes alivia os fardos. É impossível ser a "luz do mundo" e não desfazer as trevas dos que nos rodeiam.

Reconheçamos que todo o bem que vivenciamos emana de nossa própria consciência, mesmo que nos pareça vir de ou através de outro indivíduo. Reconheçamos que toda aparência de mal é uma percepção falseada da harmonia, e por isso não é para ser temida ou odiada; e, como resultado, a ilusão desaparecerá e a realidade se tornará clara. Apenas a consciência iluminada pode olhar para as aparências de mal e perceber a realidade divina. Somente o Cristo em nossa consciência pode separar o erro da sua aparente realidade e retirar-lhe os espinhos.

A iluminação espiritual nos revela que não somos mortais — nem mesmo seres humanos —, mas que somos puro ser espiritual, consciência divina, vida que se auto-sustenta, mente oniabrangente. E esta luz desfaz as ilusões do sentido pessoal.

A iluminação desfaz todas as amarras materiais e une os homens uns aos outros com as douradas correntes da compreensão; ela só reconhece a liderança do Cristo.

Não há rituais ou regras: somente o divino e impessoal Amor universal; não tem outro culto que não a chama interior que fulgura eternamente no santuário do Espírito.

Esta união é um estado de livre fraternidade. A única limitação é a disciplina da Alma, e assim conhecemos a liberdade sem licenciosidade; somos um universo coeso sem limites físicos, um serviço divino a Deus sem cerimonial ou credo. O iluminado caminha sem medo — pela Graça.

Sabemos que somos a realização de Deus, somos a condição de consciência onde emana a Luz de Deus, e isto é ter a mente espiritual. A percepção que em cada indivíduo há a presença de Deus, e que tudo o que ele é, é uma aparência de Deus, é a consciência espiritual. A compreensão que tudo o que vemos, ouvimos, tocamos, cheiramos ou saboreamos com nossos sentidos não passa de um conceito finito de realidade e que não tem relação com a realidade espiritual, é sentido espiritual.

A Cristo-consciência reconhece Deus onde quer que brilhe, através da bruma do sentido pessoal. Para ela não há pecador a se redimir, doença a se curar ou pobre para se enriquecer. A iluminação espiritual desfaz os falsos conceitos ou imagens da limitada percepção, e revela que tudo que existe é manifestação de Deus.

A Luz da consciência individual revela o mundo da criação de Deus, o universo da realidade, os filhos de Deus. Sob esta Luz, desaparece o cenário da mortalidade e o mundo de conceitos; "este mundo", cede lugar ao Meu Reino, à realidade das coisas como elas são.

Temos também com freqüência a sensação de, no nosso íntimo, termos companhia. Sentimos um calor interior, uma presença viva, uma segurança divina. Sentimos, por vezes, uma mão forte sobre as nossas, ou uma face sorridente por sobre nossos ombros. Nunca estamos sós, e sabemos disso. Esta Presença suave nos dá tranqüilidade interior; permite-nos relaxar das labutas do mundo e nos brinda com a alegria da paz. Na verdade trata-se de um "paz, sê quieto" frente aos problemas e tensões do humano existir. É uma influência reparadora dentro de nós, e todavia pode ser percebida por todos que estão à nossa volta.

Esta Presença interior da qual tomamos consciência é a Verdade em si mesma, que se nos revela como presença, poder, companhia, luz, paz e poder curador — como o Cristo. A consciência deste Ser interior é o resultado de nossa maior iluminação espiritual, de nossa consciência espiritual cultivada. Esta Verdade é o Deus que cura nossos males e que caminha à nossa frente tornando suaves nossos caminhos. Esta Verdade é a riqueza que se mostra sob a forma de suprimento farto. Nenhuma circunstância ou humana condição pode reduzir a nossa riqueza, enquanto habitarmos nesta consciência da presença do Amor.

Estabeleça esta verdade dentro de você, e ela se tornará o seu verdadeiro ser, sem conhecimento de nascimento ou de morte, juventude ou velhice, saúde ou doença — apenas a eternidade do ser harmônico. Esta verdade desfaz todas as ilusões dos sentidos, e revela a infinita harmonia do seu ser; desfaz a mortalidade e revela sua imortalidade. Devemos nos livrar de qualquer coisa, em nossos pensamentos, que não seja a divina Presença, o Eu Real, para podermos beber a pura água da Vida e comermos o pão espiritual da Verdade.

Temos de livrar o coração dos erros do nosso eu, da obstinação, dos falsos desejos, da ambição e da ganância para refletir a luz da Verdade, como um diamante perfeito reflete sua própria luz interior.

Cerca de quinhentos anos antes de Cristo, alguém escreveu: "Pode facilmente acontecer que alguém, tomando banho, pise em uma corda molhada e imagine tratar-se de uma serpente. Ficará horrorizado, tremerá de medo ao antecipar, em pensamento, as agonias causadas pela mordida venenosa da cobra. Que grande alívio sentirá ao constatar que a corda não é uma serpente! A causa do seu pavor estava em seu erro, em sua ignorância, sua ilusão. Reconhecendo a verdadeira natureza da corda, voltará sua serenidade; ficará aliviado, contente e feliz. Este é o estado de espírito de quem descobre que não há um eu pessoal, e que a causa de todos os seus problemas, cuidados e vaidades, não é senão uma miragem, uma sombra, um sonho".

Reafirmamos, a iluminação revela que não existe o erro, que aquilo que nos pareceu ser a serpente — pecado, discórdia, doença e morte — é a Verdade mal interpretada pelos nossos sentidos limitados. Assim, a discórdia não é para ser odiada, temida ou lamentada, e sim reinterpretada, até que a natureza verdadeira da corda — a realidade — possa ser discernida pelos sentidos espirituais. A cobra — doença ou discórdia — é apenas um estado mental, que não corresponde à realidade exterior. Devemos compreender que nenhuma ilusão pode assumir forma exterior.

A iluminação espiritual pode ser alcançada por aqueles que constantemente vivenciam a consciência da presença da perfeição, e continuamente traduzem as aparências para a Realidade. Todos os dias e noites nos defrontamos com aparências desarmoniosas, e estas devem ser imediatamente traduzidas pela nossa compreensão da "nova língua", a linguagem do espírito.

Todos os acontecimentos do nosso dia-a-dia nos oferecem novas oportunidades de usarmos nossa compreensão espiritual, e cada uso dessas faculdades espirituais resulta em maior percepção espiritual que, por sua vez, nos revela sempre mais e mais da luz da Verdade.

"Orai sem cessar... e conhecereis a Verdade, e a Verdade vos libertará."

Reinterprete as aparências e os fatos da vida diária nos termos da nova língua, a língua do espírito, e a consciência sofrerá uma expansão contínua, até que a tradução ocorra automaticamente, sem a necessidade de se pensar.

Isto tornar-se-á um estado habitual de consciência, uma percepção constante da Verdade.

Só desse modo poderemos ver nossa vida se desdobrar com harmonia a partir do centro do nosso ser, sem que para isto precisemos conduzir qualquer pensamento. Nossa vida, em vez de ser uma seqüência de "demonstrações", tornar-se-á o feliz, harmonioso e natural desdobramento do bem. No lugar dos contínuos esforços para atrair o bem, vê-lo-emos emanar visivelmente a partir das profundezas do nosso próprio ser sem esforço consciente de nossa parte, quer físico quer mental. Não mais dependeremos de pessoas ou circunstâncias, nem mesmo do nosso esforço pessoal. A iluminação espiritual nos permite abandonar os esforços pessoais e confiar cada vez mais na Divindade, que se revela e desdobra como cada um de nós.

CAPÍTULO III

O Cristo

Uma antiga escritura revela: "É difícil de se entender: doando nosso pão, nos tornamos mais fortes; dando nossas roupas aos outros, ganhamos em formosura; fundando moradas de pureza e verdade, adquirimos grandes tesouros".

Abraão, pai dos hebreus, baseou a prosperidade do seu povo na idéia do dízimo — doar um décimo dos ganhos para propósitos espirituais e caritativos, sem pensar em retorno ou recompensa.

"A imortalidade se pode alcançar apenas pela prática contínua de atos de benevolência, e a perfeição se obtém pela compaixão e pela caridade." Quanto maior o degrau de amor altruísta que galgamos, mais nos aproximamos da compreensão do Eu universal como nosso ser real.

O sentido pessoal de "eu" está ocupado em ter, em obter, em desejar, em conseguir e acumular; enquanto nosso Eu verdadeiro está empenhado em dar, conceder, repartir e abençoar.

O sentido pessoal de "eu" representa a corporificação de todas as nossas experiências humanas, muitas das quais limitadas e indesejáveis. O Eu verdadeiro corporifica as idéias e atividades infinitas, espirituais, que se manifestam continuamente, sem limites ou restrições.

O pequeno "eu" preocupa-se basicamente com seus problemas pessoais e seus negócios, dilatando seus limites para incluir neles seus parentes próximos e seus amigos. O sentido pessoal, muitas vezes, avança além, envolvendo-se em trabalhos caridosos e de assistência comunitária, mas quando analisamos seus motivos percebemos tratar-se de ação governada pelo próprio sentido pessoal.

O "Eu" verdadeiro alimenta sua vida do centro do seu próprio ser, abençoando todos os que dele se aproximam; é reconhecido pelo seu altruísmo e desinteresse, por não buscar o reconhecimento, a recompensa ou qualquer engrandecimento pessoal. Não se trata de uma entidade sem vigor ou de um boneco que possa ser manipulado pelos mortais — de fato não pode nunca ser visto nem compreendido pelos mortais.

Recordo-me de dois belos exemplos que, em quadros comoventes, revelam as diferenças entre o pequeno eu pessoal e o Eu imortal.

Sidharta, que abandonara o lar e a família em busca da Verdade, recebeu por fim a iluminação, tornando-se o Buda, o Iluminado ou, poderíamos dizer, o Cristo do seu tempo. Seu pai, grande rei, sentindo a morte se aproximar e desejando rever o filho, mandou procurá-lo, pedindo que retornasse. Ao rever o filho, percebeu que o perdera, em sentido pessoal de pai e filho, mas assim mesmo tentou reconquistá-lo. Disse o rei: "Eu te daria meu reino, mas se o fizesse, teria para ti o mesmo valor da cinza". Buda respondeu-lhe: "Sei que o coração do rei transborda de amor... mas deixe que os laços do amor que te prendem ao filho que perdeste enlacem igualmente todos os teus súditos; assim em lugar de Sidharta receberás algo muito maior: receberás o Iluminado, o Mestre da Verdade, o Pregador da Retidão e ainda a Paz de Deus em teu coração".

O outro exemplo diz respeito ao grande Mestre. "E falando ainda à multidão, estavam fora sua mãe e seus irmãos que desejavam falar-lhe. E disse-lhe alguém: Eis que estão lá fora tua mãe e teus irmãos querendo te falar. Mas ele respondeu àquele que o chamara: Quem é minha mãe? E quem são meus irmãos? E abrindo seus braços, apontando seus discípulos, disse: Pois qualquer um que faça a vontade do meu Pai que está no céu, este é minha mãe, minha irmã e meu irmão."

À medida que nos tornamos espiritualmente iluminados, somos procurados por aqueles que buscam se libertar de diversas formas de trevas materiais — da doença, do pecado, do medo, da limitação, da agitação e da ignorância. E nós podemos defrontar estas necessidades impersonalizando tanto o bem como o mal, e compreendendo que a harmonia é uma atividade e uma qualidade da Alma, que se expressa universal e individualmente.

Na meditação, ou comunhão, nos tornamos receptivos à Verdade que se desdobra dentro de nós — e a isto nós chamamos de oração. Nosso orar não deve ter ligação com o chamado paciente. De fato, a oração não é um processo, uma combinação de palavras ou pensamentos, de colocações, de declarações, de afirmações ou de negações. A oração é um estado de consciência no qual experimentamos a percepção da harmonia, da perfeição, da unidade, da alegria, da paz e do domínio. Com freqüência, a meditação ou comunhão traz ao indivíduo alguma verdade específica, e esta verdade aparece externamente como o fruto de sua própria conscientização do ser real.

Foi revelado, vezes incontáveis, que o talento, habilidade, educação e a experiência de cada indivíduo são de fato a Consciência que se desdobra em caminhos individuais — como artista, músico, vendedor, homem de negócios ou ator. Segue-se disso que a Consciência, que expressa a Si mesma, nunca está sem oportunidade, reconhecimento e aceitação. Assim, não pode haver dom sem reconhecimento, um talento ou habilidade sem expressão, um esforço sem recompensa, uma vez que *todos* os esforços e ações são Consciência expressando suas infinitas capacidades e possibilidades. A percepção consciente desta verdade fará dispersar a ilusão de desemprego, a falta de recompensa ou de reconhecimento. Contudo, guarde isso muito bem, a repetição destas palavras sem uma parcela de "sentimento" da verdade que encerram, será como "nuvens sem chuva", "vãs repetições", nada.

Desta mesma maneira já foi revelado que há apenas uma Vida, e que esta única Vida nunca está sujeita ao perigo de doença, de acidente ou morte. Esta Vida é a vida do ser individual. Nunca é necessário tratar diretamente uma pessoa ou um animal, mas estar sempre alerta para nunca aceitar a idéia ou sugestão de qualquer outra presença, poder ou atividade que não a única Vida, a única Lei, a única Alma. O viver constantemente nesta consciência do bem, da harmonia, dissipará a ilusão dos sentidos, quer se manifeste como pessoa doente ou pecadora. O simples declarar ou afirmar constante desta verdade nos seria de bem pouca valia, enquanto sua conscientização ou sentimento se nos manifestará como cura, como modificação, como renovação e até mesmo como ressurreição.

Recentemente, escrevi a um amigo por ocasião de seu aniversário, e creio que ele gostaria que eu compartilhasse com vocês as idéias que me ocorreram no caso:

"Quanto aos votos de aniversário, eu apenas gostaria que não tivesse qualquer aniversário, de modo que se lhe tornasse familiar a idéia de continuidade da existência consciente, sem parada ou interrupção — a conscientização do desenvolvimento progressivo.

Na verdade, não há interrupção na continuidade da consciência que desenvolve, nem pode a consciência deixar de estar cônscia do corpo, assim como você jamais perde a consciência musical ou artística, ou qualquer outro talento que porventura possua.

A consciência se desdobra de dentro para fora de uma fonte ilimitada, da infinitude do seu ser, para a percepção individual de si mesma, em infinitas variedades, formas e expressões.

A morte é a crença de que a consciência perde a percepção do seu corpo. A imortalidade é a compreensão da verdade de que a consciência está eternamente ciente de sua própria identidade, corpo, forma ou expressão.

A consciência, cônscia do seu infinito ser e corpo eterno, é a imortalidade atingida no aqui e agora. A percepção da consciência da manutenção de sua própria identidade e forma é a vida eterna. A percepção da consciência que se desdobra eternamente nas formas individuais da criação ou manifestação, é a imortalidade demonstrada aqui e agora. 'Esta consciência é você.'"

A consciência espiritual é o abandono do esforço pessoal na realização de que a harmonia é algo que "já é". Esta consciência, com a renúncia ao esforço pessoal, é atingida quando percebemos o Cristo dentro de nós como uma realidade presente. O Cristo é a atividade da Verdade na consciência individual. É mais uma receptividade à Verdade do que a sua verbalização. Na medida em que conseguimos a quietude interior, tornamo-nos sempre mais receptivos à Verdade que se nos revela, dentro de nós mesmos. A atividade desta Verdade na nossa consciência é o Cristo, a própria presença de Deus. A Verdade recebida e mantida continuamente em nossa consciência é a lei da harmonia em todas as nossas vicissitudes. Ela governa, dirige, orienta e suporta todas as nossas atividades da vida cotidiana. Quando nos aparecer a idéia de doença ou carência, esta Verdade onipresente será o nosso curador e nosso recurso; será mesmo nossa saúde e nosso suprimento.

Para muitos, a palavra Cristo continua sendo um termo mais ou menos misterioso, uma entidade desconhecida, algo raramente ou nunca vivenciado diretamente. Se, porém, quisermos nos beneficiar com a revelação da Presença divina ou Poder dentro de nós, feita por Cristo Jesus e outros, teremos de modificar este estado de coisas. Devemos chegar à experiência do Cristo como uma revelação permanente e contínua. Temos de viver com a percepção consciente e contínua da verdade interior ativa; mantendo sempre uma atitude receptiva — ouvidos atentos — não demorará para que tenhamos a experiência do despertar interior. Esta é a atividade da Verdade dentro da consciência, ou o Cristo que alcançamos.

Uma tal compreensão do Cristo nos esclarecerá a respeito da oração. Todas as definições do dicionário são unânimes em conceituar a oração com base na crença errônea de que haja um Deus, em algum lugar, a esperar que Lhe imploremos de algum modo. Então, se pudermos encontrar este Deus bem disposto, teremos nossas orações respondidas favoravelmente; a menos que, logicamente, nossos pais ou avós, até a terceira ou quarta geração tenham pecado e, neste caso, seremos imputáveis pelos seus pecados e teremos nossas orações jogadas na cesta do lixo do céu.

Nós temos um sentido diferente do que seja a oração. Percebemos que qualquer bem que nos aconteça é o resultado direto da nossa própria compreensão da natureza do nosso próprio ser. Nossa compreensão da vida espiritual se desenvolve à medida da nossa receptividade à Verdade, não orando a Deus, mas *deixando* que Deus Se revele e Se manifeste a nós. Este é o mais alto conceito de oração; é alcançado quando dedicamos alguns minutos, tanto de dia como de noite, à meditação, a comungar, a escutar. Na quietude, chegamos a um estado de receptividade que nos abre o caminho para sentir ou para perceber a presença real de Deus. Esta percepção, ou sentimento, é a atividade de Deus, a Verdade em nossa consciência, é o Cristo, nossa Realidade.

Normalmente, vivemos imersos num mundo sensorial, e nos preocupamos apenas com o objeto de nossos sentidos. E isso nos traz nossa experiência de bem e de mal, de dor e de alegria. Se nós, através do estudo e da meditação, nos voltarmos mais para o lado mental da vida, veremos que nossos pensamentos se tornam mais elevados e, com isso, teremos melhores condições. À medida que refinamos nossas qualidades mentais e manifestamos mais paciência, mais gentileza, caridade e perdão, estas qualidades se refletirão sobre nossa experiência humana. Mas não paremos por aqui.

Mais alto que o plano do corpo e da mente está o domínio da Alma, o reino de Deus. Aqui encontramos a realidade do nosso ser, nossa natureza divina — não que o corpo e a mente estejam separados ou afastados da Alma; apenas que a Alma é o recôndito mais profundo do nosso ser.

Nos domínios da Alma encontramos completa tranqüilidade, paz absoluta, harmonia e domínio. Aqui não encontramos nem bem nem mal, nem dor nem prazer, apenas a alegria de ser. Estamos no mundo, mas não pertencemos a ele, pois não mais vemos o mundo dos sentidos como aparenta ser, mas, tendo despertado nosso sentido espiritual, nós o "vemos como ele é" — vemos a Realidade através das aparências.

Até aqui, buscamos nossa felicidade no universo objetivo, em pessoas, lugares ou coisas. Agora, porém, através do sentido espiritual, do sentido da Alma, o mundo todo tende a nos trazer seus presentes, embora não mais pela busca direta de pessoas ou coisas, mas servindo-se destas como canais. No sentido material, pessoas e coisas são os objetivos — aquilo que desejamos. Através do sentido da Alma, nosso bem se desdobra a partir do nosso interior, embora se apresente como pessoas e condições melhoradas. O sentido da Alma não nos priva dos amigos, da família e do conforto da existência humana, mas nos dá isso com maior segurança, num nível de consciência mais alto, mais belo e duradouro.

Por muitos séculos, a atenção foi focalizada em Jesus Cristo como o Salvador do homem, e ao longo deste século o sentido espiritual da vida oscilou entre dois extremos, entre a luz e as trevas. Um mestre do século XVI escreveu: "Cristo (Jesus) chamou a Si mesmo de Luz do mundo, mas completou dizendo que Seus discípulos também eram a Luz do mundo. Todo cristão em quem esteja vivo o Espírito Santo, isto é, os verdadeiros cristãos, são um com o Cristo em Deus e são como o Cristo (Jesus). Portanto, eles terão experiências semelhantes, e o que Cristo (Jesus) fez, eles também farão".

Nossa tarefa é a descoberta do Cristo na própria consciência. Reconhecemos com alegria e amor profundo o quanto do Cristo foi alcançado, não só por Jesus, mas por muitos videntes espirituais e profetas de todos os tempos. Nosso coração está cheio de gratidão pela revelação do Cristo para tantos homens e mulheres de nossos dias. E olhamos agora para a frente, para a realização do Cristo em nossa própria consciência. "O reino de Deus está em vós, e aquele que o procura fora de si mesmo nunca o encontrará, pois fora de si mesmo ninguém pode ver ou achar Deus; pois aquele que procura Deus, em verdade já O tem."

Temos de compreender a palavra "consciência", pois só podemos comprovar aquilo de que estamos conscientes. Como estamos em termos de consciência? Somos ainda mortais? Ou já renunciamos à nossa individualidade material e reconhecemos ser o Cristo a plenitude, a presença de Deus? Algum dia teremos de abandonar o esforço para tudo conseguir e reconhecer a nós mesmos como sendo o eterno Doador em ação. Temos de alimentar cinco mil pessoas sem ter a preocupação de onde virá o alimento. A multidão pode ser alimentada pela nossa *cristicidade*. E onde estaria, pois, a carência a não ser na crença de que somos apenas humanos? Temos de nos livrar desta crença e proclamar nossa verdadeira identidade.

Quando nos deparamos com pessoas ou circunstâncias que têm aparência de mortalidade, devemos reconhecer: "Tu és o Cristo, o Filho de Deus vivo", e aquilo que nos aparece como mortal é ilusão, é nada. Não temos de temer nenhuma circunstância mortal ou material, uma vez que reconhecemos sua nulidade.

A Verdade é simples. Não há verdade metafísica profunda ou misteriosa. Ou é verdade ou não é verdade; e não pode haver verdade profunda ou superficial nem pode haver diversos graus de verdade. Para a verdade ser verdade, deve ser verdade absoluta. Ocupamo-nos agora com a verdade de que nós individualizamos o poder infinito. Não devemos procurar um poder fora ou separado de nós mesmos. Nós individualizamos o poder infinito na medida de nossa conscientização da Verdade.

A Vida, que é Deus, é nossa vida. Há apenas uma Vida, e esta é a vida de todos os seres, de todos os indivíduos. Nós individualizamos esta vida eterna, e não há menos Deus em alguns seres do que em outros. E esta vida, em todos, é sem doença e imortal. Nossa consciência desta verdade é a influência curadora dentro de nós.

Existe apenas uma Consciência, Deus. Em nós se individualiza esta Consciência onipotente e onisciente; por isso, nossa consciência é o socorro sempre presente em qualquer circunstância. Por esta razão não oramos ou buscamos a um

Ser longínquo, mas percebemos a onipresença da divina Consciência como nossa consciência, e deixamos que o aparente problema se vá. A percepção desta verdade nos confirma na consciência da presença da Vida, da Verdade, de Deus. A compreensão da unidade da Consciência como a nossa consciência, da Vida como a nossa vida, é a Verdade eterna.

O próximo passo no desenvolvimento é a descoberta de que, como individualização da Consciência, nós incorporamos em nossa própria consciência nosso corpo, nossos negócios e nosso lar. Podemos comprovar nosso domínio sobre o tempo, o clima, a renda, a saúde e o corpo apenas na medida em que sabemos serem idéias da consciência que somos. O lar, o trabalho e o corpo são idéias nossas, sujeitas à nossa compreensão, e a conscientização desta verdade nos confere o domínio. Isto não nos exalta como seres humanos nem nos torna divinos: isto varre de nós a natureza humana e revela nossa divindade.

Podemos medir nosso desenvolvimento espiritual observando se estamos, ou não, tentando melhorar uma condição física. Temos de lembrar que a vida orgânica do homem, do animal ou da planta não é a Vida, Deus, e sim conceitos humanos e limitados da Vida real; assim, qualquer tentativa de curar, mudar ou corrigir o universo físico é uma evidência de que não temos desenvolvido o suficiente a consciência espiritual.

A Cristo-consciência reconhece que toda a vida é Deus — mas percebe que aquilo que nos aparece como visão ou som materiais não é a Vida, mas mera ilusão ou um falso sentido de existência. A consciência espiritual distingue a vida que é real.

Já que não podemos resolver um problema em seu próprio nível, temos de subir além das aparências para trazer às claras a harmonia do ser. Aquilo que recai sob os cinco sentidos não é a realidade das coisas; assim não podemos julgá-las neste nível. Deixando de lado as aparências, damos as costas ao quadro que se apresenta aos nossos sentidos e começamos a ter consciência da Realidade — daquilo que é eterno.

CAPÍTULO IV

Nossa verdadeira existência

Nossa verdadeira existência é como o espírito, e só abandonamos o falso sentido de vida material na medida em que percebemos isto. Vemos então que a vida física, do homem, do animal e da planta não passa de um sentido enganoso da existência; aquilo que geralmente nos preocupa com as chamadas necessidades da vida material é, de fato, desnecessário; que embora todas as belezas que contemplamos apontem para uma criação de Deus, elas não são a criação espiritual e perfeita de Deus; que as aparências de doença, de envelhecimento e morte não fazem absolutamente parte da vida real. Quando atingimos este estado de consciência, começamos a ter vislumbres da eterna existência espiritual, intocada pelas condições materiais ou pensamentos mortais. Quando damos as costas para o mundo sensorial, que podemos ver, ouvir, cheirar, saborear e apalpar, temos visões inspiradas que nos mostram a terra como criação de Deus.

No trabalho de cura, temos de dar as costas para o mundo físico, assim como o vemos. Temos de lembrar que não fomos chamados para curá-lo, para mudá-lo, para corrigi-lo ou salvá-lo; temos de perceber, antes de mais nada, que ele existe só como uma ilusão, como um sentido da vida totalmente falso. E deste ponto elevado de consciência, nós olhamos, através do sentido espiritual, para a "casa que não foi construída com as mãos, eterna no céu".

Temos o hábito de considerar certas pessoas como bons provedores, bons merecedores, bons vendedores ou curadores. Entendamos isso corretamente. Nunca é uma pessoa, e sim um estado de consciência, que cura, que regenera, que pinta, escreve ou compõe. O estado de consciência se manifesta a nós como pessoa por causa do conceito finito que temos de Deus e do homem. Ficamos com freqüência desapontados quando alguém não corresponde ao quadro que formamos dele. E isto porque lhe atribuímos as boas qualidades de consciência; e quando a pessoa não preenche tais qualidades, que nós acreditamos erroneamente serem sua personalidade, sofremos.

Na Bíblia, nos deparamos com as figuras de Moisés, de Isaías, de Jesus e de Paulo. Percebemos que Moisés representa o estado de consciência chefe, ou liderança; Isaías nos apresenta a profecia; Jesus mostra a consciência messiânica, ou a Graça da salvação e da cura; e Paulo traz a consciência do mensageiro, do pregador ou mestre. Contudo, sempre se trata de um estado de consciência específica que se manifesta a nós como homem.

George Washington representa certamente a consciência da integridade nacional; Abraham Lincoln, a consciência da integridade e da igualdade individuais.

Pensando em nós mesmos, esqueçamos nossa natureza humana com suas qualidades humanas e tentemos compreender o que nós representamos como consciência, para então perceber que esta consciência que se expressa como *nós* é também o que nos mantém e faz prosperar nosso empenho.

O fracasso ocorre freqüentemente por causa da descrença de que nós somos a expressão de Deus, ou da Vida, ou da Inteligência ou das qualidades divinas. Isso nunca é verdade. Deus, ou a Consciência, expressa eternamente a Si mesmo e Suas qualidades. A consciência, a vida, o Espírito, nunca pode falhar. Nossa tarefa é aprender a relaxar e *deixar* que nossa

Alma se manifeste. O egoísmo é a tentativa de ser ou de fazer algo pelo esforço pessoal físico ou mental. O *não nos preocupar* é nos privar do pensamento consciente e deixar que as idéias divinas preencham nossa consciência. Uma vez que somos Consciência espiritual individual, podemos sempre confiar que a Consciência realize a Si mesma e à Sua missão. Somos expectadores e testemunhas desta divina atividade da Vida que realiza e manifesta a Si mesma.

Cada vez mais devemos nos tornar expectadores ou testemunhas. Temos de ser observadores da Vida e Sua harmonia. A cada manhã temos de acordar ansiosos para ver um novo dia que revele e desdobre, a cada hora, novas alegrias e vitórias. Diversas vezes por dia temos de perceber conscientemente que estamos testemunhando a revelação da Vida eterna, o desdobramento da Consciência e de Suas infinitas manifestações, da atividade do Espírito e de Suas grandiosas formas. Em cada situação do nosso dia-a-dia, aprendamos a ficar por trás de nós mesmos e ver Deus ao trabalho, testemunhar a ação do Amor nas nossas vicissitudes e esperar que Deus Se revele em tudo que nos rodeia.

Temos de perceber, toda noite, que o nosso descanso não nos leva a uma interrupção da atividade de Deus sobre nossa vida, mas que o Amor é a influência protetora e a substância do próprio descanso, que a Consciência nos transmite suas idéias mesmo durante o sono, que o Princípio é a lei que nos guia durante a noite toda. Nada de externo pode penetrar em nossa consciência para nos perturbar, e esta verdade fica de sentinela ao portal de nossa mente, para permitir o acesso só à realidade e suas harmonias.

Sejamos observadores, testemunhas; vejamos o desvelar-se do Cristo na nossa consciência.

Há um estado de guerra permanente entre a carne e o Espírito, e isso continuará enquanto mantivermos o sentido de identificação corpórea, mesmo pequeno. A tentativa de trazer o Espírito e suas leis para atuar sobre as concepções materiais, é o que constitui esta guerra, e a paz só poderá ser alcançada quando o sentido material do universo e corporal do homem tiverem sido superados.

Observe com quanta freqüência tentamos aplicar alguma verdade metafísica a algum problema humano, e descobrirá os motivos do conflito dentro de você. Nosso verdadeiro intento é mais a obtenção da harmonia espiritual do que a continuidade do enfoque material da existência, com mais facilidades e conforto.

Nos momentos iniciais de nossa busca da Verdade, não tínhamos provavelmente outra preocupação que não curar um corpo doente, fazer um pobre mais próspero ou transformar um pecador em alguém ético. Não há dúvida de que, ao nos tornarmos um praticante ou mestre de consciência espiritual, parecíamos ter atingido esta finalidade, e por algum tempo continuamos a "usar" a Verdade, ou Deus, para direcionar nossa concepção material do homem e do mundo.

Foi só com a continuação de nossos estudos e da meditação que nos apercebemos do conflito interior. Nos regozijamos com momentos de grande elevação; nós caímos no vale da incerteza; conseguimos vitórias e amargamos fracassos; oscilamos entre as aparências de bem e de mal, sucesso e fracasso, espiritualidade e mortalidade, saúde e doença. Este é o conflito interior que se evidencia como uma guerra entre a carne e o Espírito. E isso só terminará quando abandonarmos o conceito de mortalidade e a identificação corporal para alcançarmos a consciência da existência espiritual.

"Meu reino não é deste mundo" representa o fundamento da construção de uma nova e mais alta consciência. A vontade e a capacidade de olharmos para além do sentido material de pessoa e coisa, e de perceber o homem e o universo da criação de Deus, são fatos essenciais.

Ganhar mais dinheiro não é suprimento espiritual; poupar mais não significa segurança; saúde física não é necessariamente a base de vida eterna: tudo isso constitui meramente uma crença humana melhorada.

O estudioso avançado abandonará aos poucos sua tentativa

de melhorar crenças ou aspectos humanos, para que a verdade da existência espiritual possa desabrochar em sua consciência.

O reino espiritual é a fonte da saúde que é, na verdade, a eterna harmonia do ser; é uma consciência de suprimento sem limites, e que é obtido sem esforço. Lembre-se, contudo, de que não estamos associando novamente Deus, ou o Espírito, com o conceito humano de saúde e suprimento. Estamos, antes, entrando numa concepção espiritual de saúde e suprimento. Até aqui, nossos esforços foram na direção de manifestar maior harmonia e domínio em nossos negócios terrenos. É verdade que esta consciência de ser celestial parece resultar num viver humano mais harmonioso, mas estas são "as coisas dadas de acréscimo", conseqüência da busca do céu e de sua justiça. E será visto como sendo muito diferente do conceito humano de bondade, e este conceito mais elevado é o que devemos estar buscando.

"Meus pensamentos não são os teus pensamentos e os meus caminhos não são os teus caminhos." Por esta razão não tentamos ter mais ou melhores pensamentos humanos, ou tornar nossos caminhos humanos mais planos. Na verdade estamos buscando aprender os pensamentos de Deus e o caminho de Deus.

Nesse estágio de desenvolvimento, sentimos a necessidade de nos desfazer das preocupações com nossa pessoa e com o nosso bem-estar. Aprendemos que os cuidados com nosso bem-estar são como construir sobre areia, enquanto uma vida voltada para a busca da Verdade é como uma base de sólida rocha sobre a qual podemos construir o templo eterno da vida. Encontramos felicidade e prosperidade permanentes quando temos um princípio ou uma causa a que podemos nos devotar. Assim encontramos menor escala da personalidade em nossa existência, e, por isso mesmo, deixamos espaço para a revelação e o desdobramento do nosso divino Eu. Nesse Eu encontramos nossa completeza e a infinitude de nosso ser. Aqui também descobrimos a razão de nossa existência.

Deus criou o mundo e tudo o que nele existe. O que nós

observamos através dos sentidos não é o mundo, mas uma imagem finita e falsa do mundo que Deus criou. À medida que nos elevamos em termos de consciência, começamos a perceber o universo espiritual e um pouco de sua finalidade.

Aquele que encontrou seu Eu profundo, descobre que é um com todos os homens, animais e coisas. Ele sabe agora que aquilo que afeta um, afeta todos. A universalidade desta verdade é encontrada em todas as escrituras, como pode ser visto nestes exemplos:

Conquista o homem avarento, com um presente.
A caridade é rica em recompensas; a caridade é
a maior riqueza, pois embora esbanjando, nunca
traz arrependimento.

ESCRITURA HINDU

Deles era a plenitude dos céus e da terra;
quanto mais davam aos outros, mais possuíam.

ESCRITURA CHINESA

Dê àquele que é teu parente o que lhe é devido,
e dê também aos pobres e aos viajores.
E os bens que envias à frente da tua alma,
reencontrarás em Deus.

ESCRITURA TURCA

É mais abençoado dar que receber.
... Dê, e te será dado; uma medida boa, compacta
e sacudida, transbordante, será posta no teu colo.
Pois com a mesma medida com que medes,
tu também serás medido.

A BÍBLIA

À medida que percebemos nossa unidade, ou unicidade com toda a criação, nos tornamos mais amáveis, gentis, pacientes e compreensivos. Só então cumprimos o grande ensinamento "Ama teu próximo como a ti mesmo" e só então temos um vislumbre do reino de Deus, do templo "não construído com as mãos", do homem e do universo criados por Deus. E é a este homem espiritual, o homem criado por Deus, que foi dado o domínio sobre toda a terra.

Não há mistério algum, referente à vida interior, exceto o mistério da natureza divina. Todos os que pensam estão preocupados com seu bem-estar, com o bem-estar da família e da comunidade, do seu país ou mesmo do mundo. Contudo, a experiência logo os convence de que não há esperança para a humanidade nas pessoas ou nos poderes deste mundo. Os homens são por demais egoístas. No geral, estão demais ocupados e preocupados com seus próprios interesses para serem totalmente altruístas em sua atitude diante do mundo.

Os mais ambiciosos são com freqüência aquinhoados com talento físico ou mental superiores, e logo se sentam no trono dos poderosos e o mundo é então liderado por estes, que carecem de integridade e de amor. Os políticos raramente se elevam acima de seu próprio egoísmo, e o eventual homem estadista perde-se neste quadro.

Aqui e acolá, pelo mundo afora, existem homens e mulheres inspirados que anseiam pela vinda do dia em que os homens se irmanarão. Seu coração se condói pelo constante ridículo a que são expostos os homens de boa vontade e pelo sucesso dos embriagados pelo poder e dos ávidos de dinheiro, que se repetem a cada geração. Estes nobres visionários são levados de um lado para outro, entre a sua esperança de progresso da humanidade e a percepção da futilidade da superação das forças malignas que atuam no pensamento humano. Talvez a mesma pergunta ocorra a todos: Não haverá um poder para pôr um paradeiro a este reino do mal, para sustar as guerras, para evitar a fome e as pragas? Será o homem desamparado diante dos quatro cavaleiros do Apocalipse?

A busca de libertação das provas e das atribulações da vida humana já foi iniciada. Na verdade, trata-se da busca de Deus, e ela começa em qualquer condição de consciência em que o indivíduo possa estar. Se ele tiver um forte sentido religioso, com o suporte de uma Igreja, pode encontrar o Poder na fé recíproca, em algum credo ou dogma ou alguma forma específica de adoração. O intelectual buscará, sem dúvida, o Poder no campo da filosofia, ou em um dos ensinamentos religiosos filosóficos. Mais recentemente, a busca pode se orientar para os ensinamentos metafísicos ou para as práticas orientais de yôga. Sem dúvida, muitos irão passar de um estágio para outro, sempre buscando Deus ou o Poder que possa pôr um basta ao reino da mortalidade.

Mas um dia, no nosso interior, algo acontece. A consciência se expande e vê aquilo que antes era invisível. Sentimos um fluxo de calor: uma Presença, antes desconhecida, torna-se tangível, muito real. Isto, muitas vezes, é uma experiência fugaz. Podemos mesmo duvidar que ela tenha ocorrido. Subsiste na memória, mais como um sonho do que como uma realidade, até que se repita, e desta vez com mais clareza, mais definição, e, talvez, por um tempo maior. Aos poucos se fixa na nossa consciência a percepção de uma Presença constante. Esta Presença pode ser sentida como que furtiva por trás da consciência ordinária. Por vezes se torna uma Presença imperiosa, que domina a situação ou a experiência daquele instante.

Nesse momento, contudo, o mal se torna menos real; a doença não é tão aguda; a tensão financeira e mesmo a necessidade cedem caminho para a suficiência; a preocupação consigo mesmo desaparece, pois as necessidades são satisfeitas sem aflições, sem que planejemos, sem que nos aborreçamos ou temamos. As pessoas ou os poderes que antes temíamos, se esvanecem agora da vista, ou até desaparecem da nossa vida, ou então são vistas em sua impotência. Os desejos se fazem menos pungentes. Os medos se esvaem. Segurança, confiança, atenção e entusiasmo se tornam evidentes, não apenas para nós mesmos, mas também para aqueles que encontramos e com quem lidamos na vida quotidiana.

A Presença interior torna-se também um Poder interior. De uma experiência fugaz, transforma-se em consciência contínua. A força da dor e do prazer na vida externa diminui, enquanto nos tornamos cientes de um poder interior que é real, e que gera e direciona a vida externa de modo harmonioso e proveitoso. Não há mais o medo do mundo exterior, nem há o prazer intenso nas alegrias do mundo exterior. É possível ter os prazeres do mundo e se alegrar com eles, ou não tê-los e não lhes sentir a falta. O que passa a existir, é uma alegria interior que não precisa de estímulos externos.

Nesse estado de consciência, reconhecemos Deus como sendo a luz interior ou, no mínimo, sentimos esta luz como uma emanação de Deus. Deus é sentido como uma Presença divina, ou uma Influência interna. E é sentido por aqueles que entram em contato com o homem que encontrou seu Eu profundo. Reflete-se na sua saúde e no seu sucesso. Irradia dele como os raios irradiam do sol.

Encontrando sua vida interior, o homem encontra a paz, a alegria, a harmonia e a segurança. Mesmo em meio a um mundo tão decadente, ele permanece indiferente e intacto — é a exata presença do Ser imortal.

Quando não mais estamos limitados pelos cinco sentidos materiais e alcançamos, mesmo em parte, o sentido espiritual, ou a Cristo-consciência, nós não mais nos sentimos limitados pelos termos *aqui* ou *acolá*, *agora* ou *depois*. O que há é um entrar e sair sem qualquer sentido de espaço e de tempo, um desdobrar-se sem graduações, uma percepção sem um objeto.

Nesse estado de consciência, desaparece o sentido de finitude, e a visão se torna sem fronteiras. A vida é vista e compreendida como uma forma totalmente liberta e de beleza infinita. Mesmo a sabedoria milenar será abarcada em instantes. A morte desaparece, e vemos novamente aqueles que foram separados de nós por esta barreira tida como intransponível. Esta comunhão não é a comunicação como é entendida nos ensinamentos espíritas; é antes uma conscientização da vida eterna, intocada pela morte. É a realidade da imortalidade que é percebida e compreendida; é uma visão da vida sem começo nem fim. É a realidade trazida à luz. Nesse estado, não há barreiras físicas de espaço e de tempo. A visão abarca todo o Universo; funde o tempo e a eternidade; inclui todos os seres.

Nessa luz, vemos não com os olhos; ouvimos sem os ouvidos; compreendemos coisas que desconhecíamos. Onde nós estamos, Deus está, pois não há mais separação ou divisão. Aqui não há recompensas ou punições. Há harmonia. A vida não depende de um processo; nós não vivemos só do pão. *Temos a sensação de espreitar para o céu e ver o que olhos mortais não podem ver.*

O sentido espiritual não está ligado a bens humanos; porém, esta Cristo-consciência revela a harmonia do ser que se apresenta como nossa experiência humana e de forma utilizável em nossas condições atuais. Embora o "meu reino não é deste mundo", "vosso Pai sabe que precisais destas coisas" e Ele supre nossos desejos antes mesmo que lho façamos.

... e disse para Seus discípulos: "Portanto vos digo: não andeis preocupados com a vossa vida, pelo que haveis de comer; nem com o vosso corpo, pelo que haveis de vestir.

A vida vale mais que o sustento e o corpo mais que as vestes.

Considerai os corvos, eles não semeiam, não ceifam, nem têm dispensa nem celeiro; entretanto, Deus os sustenta. Quanto mais valeis vós do que eles?

E qual de vós, por mais que se preocupe, pode acrescentar um só côvado à duração de sua vida?

Se vós, pois, não podeis fazer nem as mínimas coisas, por que estais preocupados com as outras?

Considerais os lírios, como crescem; não fiam nem tecem; contudo vos digo: nem Salomão, em toda sua glória, jamais se vestiu como um deles.

Se Deus, portanto, veste assim a erva que hoje está no cam-

po e amanhã é lançada ao forno, quanto mais a vós, homens de pouca fé!

Não indagais pois o que haveis de comer ou que haveis de beber; e não andeis com vãs preocupações.

Porque os homens do mundo é que se preocupam com todas estas coisas; mas vosso Pai bem sabe que precisais de tudo isso.

Buscai antes o reino de Deus e sua justiça, e todas estas coisas vos serão dadas por acréscimo.

Não temas, pequeno rebanho, porque foi do agrado de vosso Pai dar-vos o reino".

LUCAS-12 (22-32)

CAPÍTULO V

A alma

A Alma é a parte do homem pouco conhecida e só raramente percebida.

Muitas vezes, aqueles que estão imersos em profunda aflição rompem a névoa do sentido material até o recesso do seu ser interior, onde descobrem a Alma, ou a Realidade do ser. Tornam-se conscientes da Alma, encontram novos valores, novos recursos, uma força nova e diferente e uma maneira de ser de natureza totalmente diferente.

Exercer as faculdades da Alma resulta na quebra da ilusão dos sentidos. Toda discórdia humana é o produto do sentido material e é vivenciada através dos cinco sentidos físicos — isto é, todas as desarmonias mortais são vistas, ouvidas, sentidas, saboreadas ou cheiradas. Por existirem apenas neste estado material de consciência, as discórdias e as doenças têm o seu ser em falsas idéias, em ilusões, embora naturalmente pareçam muito reais aos nossos sentidos.

Há muitos meios que nos proporcionam alívio temporário para as condições falazes de suprimento, de saúde ou outras desarmonias que se apresentam na vida diária. A destruição completa e definitiva do erro, porém, só é obtida ao se encontrar e exercitar as faculdades da Alma. A Alma é a parte do homem que jaz enterrada mais profundamente dentro dele, e por isso é raramente percebida. Nós usamos nossas faculdades matemáticas ou musicais porque jazem mais próximas à superfície do nosso ser, e, muito mais do que estas, nossas faculdades habituais de comércio, ou o nosso sentido de orientação, ou mesmo o nosso senso artístico; mas os artistas, os autores e os músicos de talento vão mais fundo dentro do seu ser, e de lá trazem à luz as grandes harmonias da boa música, a boa literatura, pintura, escultura ou arquitetura.

Escondida ainda mais profundamente, embora ao alcance de nossa consciência, jaz a Alma com suas faculdades. Quando tocamos tais poderes da Alma, estes emanam do nosso interior e atingem todos os caminhos da nossa vida quotidiana, trazendo inspiração, beleza, paz, alegria e harmonia para cada instante da nossa existência, e revestem todos os acontecimentos da vida com amor, compreensão e sucesso.

Aqueles, contudo, que estiverem demais envolvidos com as dores e os prazeres dos sentidos não chegarão, com certeza, até o reino da Alma. Ao longo da história, este convite para se dessedentar na fonte de águas vivas foi estendido a toda a humanidade, e todas as gerações têm produzido muitos homens e mulheres que encontraram a eterna paz e juventude dentro se si mesmos. E assim sempre surge aquele que bebeu mais profundamente na fonte da Alma, e todos estes videntes sempre deram notícias do reino interior e da vida que pode ser vivida pela Graça, uma vez atingida esta consciência. Por outro lado, muitos respondem que têm grandes encargos humanos que lhes ocupam todo o tempo; outros despendem tempo demais no prazer dos sentidos, passatempos e recreações; outros ainda estão ocupados em realizar e adquirir.

Cada vez mais, as pessoas começam a perceber que a libertação do medo, da insegurança, da necessidade, e da pouca saúde não se encontra no reino da matéria. As guerras não acabam com a guerra; as aplicações não garantem segurança contra a falta. A medicina alivia as dores, mas não traz uma saúde verdadeira. Devemos extrair um poder maior daquele que é encontrado no corpo ou nos pensamentos humanos, que nos dê a felicidade, a harmonia e a paz que são direitos nossos de nascença. Tal poder está disponível para todos, pois ele já faz parte do nosso ser — na verdade, é a parte maior do nosso ser. Como um *iceberg*, que mostra apenas uma parte de si fora da água, assim os poderes humanos do corpo e da mente não representam senão uma parcela de nossos poderes e faculdades.

As forças da Alma são mais reais e tangíveis do que qualquer poder material da natureza ou da capacidade inventiva. Elas trabalham num nível mais elevado de consciência, mas se tornam visíveis nas coisas chamadas de humanas.

As forças da Alma agem sobre o corpo humano para produzir e manter a saúde e a harmonia. Permeiam todos os caminhos da vida quotidiana com influências protetoras e são a fonte de suprimento infinito.

As pessoas deste mundo que são conscientes de sua Alma vivem uma vida interior de paz, de contentamento e domínio, e uma vida exterior em completa harmonia consigo mesmas e com o resto do mundo dos homens, dos animais e das coisas. Estão sintonizadas com seus poderes da Alma, e isto constitui sua unificação com toda a criação.

Todos podemos ter acesso à Alma. Ela jaz nas profundezas íntimas do nosso próprio ser. O desejo de realizações mais elevadas da vida é o primeiro requisito, e, a partir daí, deve-se manter uma constante orientação para o próprio interior até que a meta tenha sido alcançada.

Um bom começo pode ser a percepção da verdade que há muito mais na existência humana do que saúde física e suprimento material. Quando temos o vislumbre do fato de que mais dinheiro, mais casas ou automóveis não constituem o suprimento, que mais viagens não são recreação, que a ausência de doença não significa necessariamente saúde — em outras palavras, que "meu reino não é deste mundo"—, estamos na direção correta para descobrir o reino da Alma.

Todos sabemos como empregar a força física, como quando usamos o esforço muscular para erguer algum peso, ou fazemos força com os braços ou as pernas; e sabemos também como exercer pressão mental, como em profunda meditação ou pela vontade pessoal.

Sabemos que há um poder da Alma, mas saber que este poder pode fazer muito mais por nós do que os poderes materiais e mentais juntos, isto poucos sabem. Talvez uma razão pela falta de interesse por parte do mundo neste tema tão vasto seja o fato de que este imenso reservatório de poder que está em nós não possa ser utilizado para fins egoístas. Pensemos na grandeza disso — um grande e maravilhoso poder à mão, mas que jamais pode ser usado para satisfazer a fins egoístas. Nisto está o segredo do porquê tão poucos atingirem a consciência da Alma. Só podemos perceber a presença da Alma após nos termos libertado dos desejos egoístas, e termos individualizado este poder infinito dentro de nós mesmos na medida do nosso desejo de servir aos interesses da humanidade.

É justo, natural e normal que vivamos uma vida plena, próspera e feliz, mas nós podemos viver isto sem nos preocuparmos conosco, com nosso suprimento e mesmo com nossa saúde. Todo o bem necessário ao nosso bem-estar nos será fornecido em grande abundância quando pudermos aceitar que temos de abandonar nossos esforços e desejos de ter, de conseguir ou realizar, e nos aprofundarmos no desejo de cumprirmos apenas nosso destino sobre a terra. Estamos aqui como parte de um plano divino. Somos Consciência, que realiza e expressa a si mesma de forma individual; e se aprendermos a desprender o nosso pensamento de nós mesmos, ou da preocupação com nosso lugar, nosso suprimento ou saúde, e a deixar que Deus cumpra seus desígnios através de nós ou como cada um de nós, acharemos de fato que todas as coisas nos serão acrescentadas.

A Bíblia é literalmente verídica quando afirma: "Do Senhor é a terra, e tudo o que nela se contém" e "Filho... tudo que é meu é teu". Não há, pois, necessidade de ter qualquer ansiedade quanto ao nosso bem-estar. Esquecendo de nós mesmos e aprendendo a manter um estado de receptividade, perceberemos estar plenificados pelo poder da Alma, da consciência e recursos da Alma, e nossa vida será aquinhoada com a companhia de outros homens e mulheres que partilharão conosco a alegria de sua descoberta.

A mente que estava em Jesus Cristo não é algo afastado, tampouco é ela a mente de uns poucos líderes religiosos: a mente que estava em Cristo Jesus é a sua, e está pronta para se manifestar em você na medida em que se esqueça do seu ego e se torne receptivo à divina sabedoria que está em seu íntimo. Os recursos da Alma estão à porta de nossa consciência, prontos a se derramar em nós, mais do que possamos receber, mas não para satisfazer algum desejo pessoal ou egoísta. Tais falsos desejos são as pedras de tropeço do nosso desenvolvimento espiritual, e não devemos pensar em usar nossos poderes espirituais para fins pessoais ou egoístas. A canção da Alma é liberdade, alegria e eterna felicidade; a canção da Alma é amor para toda a humanidade; a canção da Alma é você.

Por que demoramos tanto para obter a libertação da doença, da discórdia e de outras mazelas do mundo material? Inteiramente por causa de nossa incapacidade de apanhar a grande revelação — não há realidade no erro.

Pusemos tanta atenção na fé em Deus como nosso benfeitor, ou na fé em algum curador ou mestre que passamos por cima da grande verdade: o erro não é real — não existe matéria, pois a substância da matéria é de fato mental.

Aprendemos com os cientistas físicos, e também com os metafísicos, que aquilo que tem sido chamado de matéria é uma interpretação equivocada da mente. A mente é um instrumento de Deus, e Deus é Espírito; assim, tudo o que existe é substância espiritual, apesar do nome ou da natureza que lhe tenha sido atribuído pelos sentidos finitos.

Deus é a consciência do indivíduo; assim tudo o que se nos depara como pessoa, coisa ou condição, nos vem como consciência, na consciência e através da consciência; e Deus, a Consciência, é a Alma de todo indivíduo; Deus, o Princípio, é a lei de toda ação; Deus, o Espírito, é a Substância de tudo de que temos consciência.

Pela educação equivocada, que estrutura nossos sentidos finitos, chegamos a temer certos indivíduos, coisas ou condições, sem perceber que estas coisas nos chegam pelo caminho da consciência, e que são todas Seres de Deus, Consciência que se nos revela, consubstanciadas de Espírito. A consciência material é o sentido finito e enganador que considera o homem e o Universo limitados, como bons e maus. A consciência espiritual é a percepção do indivíduo como um ser de Deus, que tem apenas a mente de Deus e o corpo do Espírito. Reconhece o Universo todo como manifestação da mente e governado pelo Princípio divino. A consciência espiritual é a capacidade de ver a realidade além das aparências, perceber e reconhecer que, como Deus é a nossa mente, tudo o que se nos apresenta está em e vem de Deus, nossa única consciência.

A consciência espiritual não supera nem destrói a matéria ou as condições materiais: apenas sabe que tais condições não existem, pelo menos da forma com que nos são mostradas pelos sentidos finitos. Ela traduz para nós as aparências, revelando-nos a verdadeira natureza das coisas que estão presentes.

O poder espiritual provém da Alma — da sua Alma, da minha Alma. É impessoal e imparcial. Todos podemos abrir as janelas da Alma e contemplar as glórias infinitas de um mundo bem acima do universo dos sentidos. O mundo da Alma é muito maior que tudo que possamos ter visto ou ouvido, é o mundo que é observado através do sentido espiritual. Sabemos que o pensamento não iluminado vê o Universo como algo material, enquanto a consciência iluminada, ou sentido da Alma, vê e compreende o Universo como algo espiritual.

No desenvolvimento de nosso sentido espiritual, ou poder da Alma, nada há de só teórico, não aplicável à prática. Esta consciência elevada capacitou Moisés para liderar seu povo em sua libertação da escravidão, através do Mar Vermelho, rumo à conscientização da abundância. Através de Jesus ela curou muitos dos males que afligiam aquela gente, alimentou multidões com alimento real e ressuscitou os mortos. Através de Paulo, ergueu uma parte da humanidade acima dos profundos pesares e persecuções, para a Cristo-consciência e a liberdade espiritual.

A consciência espiritual nos eleva para acima de toda forma humana de limitação e nos permite um sentido mais amplo da vida, da saúde e da liberdade. Onde houver esta consciência espiritual, não haverá escravidão a pessoas, lugares ou coisas, e não haverá limitações para nossas realizações.

Até onde se saiba, Jesus nunca deixou uma palavra escrita e, contudo, seus ensinamentos são os fundamentos morais e éticos de boa parte da humanidade. Muitos outros videntes deixaram apenas as palavras ditas a seus seguidores, embora, pelo seu poder intrínseco, tais mensagens tenham se tornado águas vivas durante épocas sem conta. A sabedoria dos tempos, propalada por homens e mulheres espiritualmente iluminados, que nunca sonharam que seus pensamentos corressem em volta da terra e influenciassem a vida e a conduta das pessoas, não está confinada no tempo e no espaço. O pensamento crístico[1], que preenche sua consciência, dela irradia como círculos na água atingida por uma pedra, criando círculos cada vez maiores, até atingir toda a humanidade. Sim, a consciência espiritual tem aplicação prática. Nosso desejo de abundância, contudo, deve ser o desejo de abundância para outros, antes que possamos ter a experiência da graça, que é o presente de Deus.

A meditação é a porta para o mundo da Alma, e a inspiração é o seu caminho. Quando aprendemos a ficar cinco ou dez minutos cada manhã, tarde e noite, sentados em silêncio com os ouvidos "de ouvir"; quando nos voltamos para dentro de nós mesmos e aprendemos a esperar pela "pequena voz silenciosa", adquirimos o hábito da meditação e desenvolvemos a habilida-

---

[1] Adotamos o neologismo "Crístico" e seus derivados dos escritos do Prof. Huberto Rohden. (N. do T.)

de nesta técnica, até que sejamos possuídos pela inspiração e que ela nos leve para o céu de nossa Alma. Este é o princípio de nosso novo nascimento, e aqui aprendemos a nova linguagem do Espírito. E a vida começa a ter um novo significado.

CAPÍTULO VI

A meditação

Meditar significa: "fixar a mente em"; "pensar em algo ininterruptamente"; "contemplar"; "envolver-se em reflexão contínua e contemplativa"; "deixar-se ficar mentalmente em alguma coisa"; "remoer"; "cogitar".

Em linguagem espiritual, meditação é oração. A oração verdadeira, ou meditação, não é pensamento voltado para nós mesmos ou para nossos problemas; é antes a contemplação de Deus e de Suas obras, da natureza de Deus e do mundo que Deus criou.

Todo mundo deveria reservar algum tempo, diariamente, para se recolher a um canto quieto e meditar. Durante este período deveria voltar seu pensamento para Deus, ponderar a sua compreensão de Deus e buscar uma compreensão mais profunda da natureza do Espírito e de Suas formas. Deveria tomar o cuidado de não levar para o estado meditativo problemas seus ou de outros. Este é um momento especial, à parte, dedicado e consagrado à reflexão sobre Deus e Seu universo.

Deus é a Alma e a Mente de todos os indivíduos e, por isso, é possível a todos nós sintonizarmos com o reino de Deus, receber as divinas mensagens e promessas e os benefícios do Amor infinito. A Graça de Deus que recebemos nestes momentos de meditação ou oração se nos torna tangível na forma de preenchimento das chamadas necessidades humanas. Se, porém, nós não abrirmos a nossa consciência para recebermos a compreensão espiritual, não teremos de ficar surpresos se não experimentarmos nenhum bem espiritual na vida cotidiana. E não há outro caminho para abrirmos nossa consciência para o reino da Alma a não ser pela meditação ou oração, através da contemplação das coisas de Deus. "Tu manterás em perfeita paz aquele cuja mente está fixada em ti."

Durante o dia todo, nossos pensamentos estão voltados para as atividades da vivência humana, nos cuidados e deveres para com a família, nos ganhos necessários ao sustento, nos negócios sociais e comunitários e, por vezes, até nos grandes negócios de Estado. Não é pois natural que durante o dia ou ao anoitecer nos disponhamos a nos retirar por um tempinho para as profundezas de nossa consciência, que é o Templo de Deus, e aqui nos envolvermos com as coisas de Deus? E, acima de tudo, temos de desenvolver o sentido de receptividade, de modo a nos tornarmos sempre mais cientes da presença real de Deus em Seu templo sagrado, que é a nossa consciência. No lugar secreto do Altíssimo, do Santo dos Santos, que é a nossa própria consciência profunda, nós recebemos a iluminação, a direção, a sabedoria e o poder espiritual. "Na confiança e na quietude estará vossa força."

Quando aprendemos a ouvir a "pequena voz silenciosa", o Espírito de Deus abre nossa consciência para o reconhecimento imediato do bem espiritual. Somos então preenchidos com as divinas energias do Espírito, iluminados pela luz da Alma; recebemos o refrigério das águas da Vida e alimentados pelo pão que não perece. Este alimento espiritual nunca é negado àqueles que aprendem a encontrar Deus no templo de seu ser.

Para recebermos a Graça de Deus, devemos nos retirar do mundo dos sentidos, aprender a silenciar os sentidos materiais e nos encontrarmos com Deus. Deus deve se tornar, para nós, uma realidade viva, uma divina presença, o Espírito Santo em nosso ser; e tudo isso só pode nos acontecer quando tivermos aprendido a meditar, a orar e a contemplar Deus.

Pela meditação, nos tornamos conscientes da presença do Cristo, e esta percepção permanece conosco durante todo o dia e a noite toda, mesmo que estejamos lidando com as coisas de nossa existência humana. Esta percepção permeia toda nossa experiência e faz prosperar todos nossos empenhos. Esta consciência do Cristo é a luz para os nossos passos e uma estrela guia para nossas aspirações. É a Presença que caminha à nossa frente e aplana nossos caminhos. É uma qualidade em nós que nos torna compreendidos e apreciados pelos nossos semelhantes.

Ao acordar pela manhã, e de preferência antes de sair da cama, volte seus pensamentos à conscientização de que "Eu e o Pai somos um... Filho... tudo que tenho é teu... O lugar onde estás é solo sagrado"; e deixe então que o significado disso se desdobre de dentro de sua própria consciência. Alcance a convicção de sua unidade com o Pai, com a Vida universal, com a Consciência universal. Sinta a infinitude do bem dentro de você, que é a evidência da sua unidade com a infinita Fonte de seu próprio ser.

Tão logo sinta uma emoção, um estado de paz profunda ou uma onda de Vida divina, levante-se e faça os preparativos físicos para o seu dia. Antes de sair de casa, sente e pondere sobre sua unidade com Deus.

A onda é uma com o oceano, indivisível e inseparável do oceano como um todo. Tudo o que o oceano é, a onda é; e todo o poder, a energia, toda a força, toda a vida e substância do oceano estão expressas em cada onda. A onda atinge tudo o que está sob si mesma, pois que a onda é de fato o oceano, assim como o oceano é a onda, uno, inseparável, indivisível. Notemos aqui um ponto importante: não há um lugar onde uma onda termine e outra onda comece, de modo que a unidade da onda com o oceano subentende a unidade de uma onda com a outra.

Do mesmo modo que a onda é una com o mar, assim somos um com Deus. Nossa unidade com a Vida universal constitui nossa unidade com cada expressão individual desta Vida; a unidade com a divina Consciência é a unidade com cada concepção desta Consciência. Assim como a infinitude de Deus brota através de você para abençoar todos aqueles com quem se relaciona, lembre-se de que também transborda de todos os outros indivíduos sobre você. Ninguém compartilha com você qualquer coisa que seja seu mesmo, pois tudo o que tem é do Pai; assim também tudo o que você tem é do Pai, e você o compartilha com o mundo. Você é um com o Pai, com a Consciência universal, e é também um com cada idéia espiritual abarcada por esta Consciência.

Se pudermos apanhá-la, esta é uma idéia poderosa. Significa que o que é do seu interesse o é também para todos os indivíduos do mundo; significa que aquilo que é interesse dos outros o é também para você; significa que não temos interesses separados uns dos outros e mesmo que não temos interesses separados dos de Deus; significa de fato que tudo o que o Pai tem é também nosso e tudo o que nós temos é para o benefício de todos, e o que os outros têm é também para nosso benefício, é tudo isso para a glória de Deus.

Esta idéia deve desdobrar-se dentro de nós de maneira própria. Deve, aos poucos, dia após dia, assumir formas diferentes, e sempre com significados maior por causa da infinitude da Consciência. Pode observar como uma árvore tem muitos ramos, e como cada ramo é um com o tronco e, por isso, é um com a raiz, e a raiz da árvore é uma com a terra, e retira dela tudo o que a terra tem a oferecer, e, além disso, que cada ramo não só é um com a árvore toda, mas também com cada outro ramo, como partes interligadas do todo.

Ao ponderarmos esta idéia de nossa unidade com Deus e com cada conceito individual do espírito, surgirão em nós novas idéias, novas imagens e símbolos originais. Terminando esta meditação matinal, acharemos que sentimos realmente a presença de Deus dentro de nós; sentiremos de fato a divina energia do Espírito; sentiremos surgir uma vida nova dentro de nós; e isso nos levará ainda a outros pensamentos.

Sempre que vamos de um lugar para outro, como quando deixamos nossa casa para ir ao trabalho, ou do trabalho para ir à Igreja, ou desta para voltar para casa, paremos por uns momentos para perceber que a Presença andou à nossa frente para preparar o caminho, e que esta mesma Presença divina ficou atrás de nós como uma bênção para todos que passam pelo mesmo caminho. No início, poderemos esquecer de fazer isso diversas vezes ao dia, mas, exercitando nossa memória, isso se tornará provavelmente uma atividade habitual em nossa consciência, e então não mais caminharemos sem sentir a divina Presença sobre e atrás de nós, e assim nós seremos a luz do mundo.

Um dos assuntos que mais nos preocupa nestes últimos anos é a paz, embora tenhamos bem pouca esperança numa paz duradoura baseada em qualquer documento ou organização humanos. Realmente, estes têm um propósito e são uma etapa necessária para os seres humanos, assim como os Dez Mandamentos foram uma etapa necessária até que fossem substituídos pelo Sermão da Montanha com sua visão superior. Nós não precisamos dos Dez Mandamentos, pois nós não precisamos de exortações para não roubar, mentir ou fraudar, nem precisamos de ameaças de punição para nos mantermos honestos, limpos e puros; no entanto, os Dez Mandamentos são necessários para aqueles que ainda não aprenderam a justiça como fim a si mesma.

Do mesmo modo, o mundo está grandemente necessitado de algum tipo de organização ou documento humanos para manter alguma forma ou alguma medida de paz no mundo. Mas a paz verdadeira, definitiva, só virá como veio para cada um de nós individualmente, pela percepção de que não precisamos de qualquer coisa que outros tenham e, por isso, não há motivos para guerrear. Tudo o que o Pai tem é nosso. Que mais poderíamos querer além disso? De fato, como co-herdeiros de Deus com Cristo, poderíamos alimentar cinco mil a cada dia, sem sequer nos preocuparmos de onde o alimento viria.

Quando toda a humanidade atingir esta consciência de sua verdadeira identidade, não mais haverá guerras, competição, conflitos. Ganhando a plena consciência de nossa verdadeira identidade, o demonstraremos por um maior senso de harmonia, de saúde e sucesso, e atrairemos a nós, um a um, os que buscam o mesmo caminho. Desse modo, todos os homens serão por fim conduzidos ao reino dos céus.

CAPÍTULO VII

A oração

"Vos pedis, e nada recebeis, pois pedis mal", disse o Apóstolo Jaime. Já se deram conta de que, por algum tempo, oraram e não obtiveram resposta às suas orações? "Pedis errado." Esta é a razão.

A oração, baseada na crença de que há uma necessidade ou um desejo insatisfeitos, nunca será consoante com a verdadeira oração científica. Uma oração para que Deus faça alguma coisa, mande ou forneça algo, ou cure alguém, não tem nenhum poder. Cremos, por vezes, que Deus precise de um canal através do qual venha a satisfazer nossos pedidos, e isso nos leva a procurar as respostas fora de nós mesmos. Podemos pensar que o suprimento possa vir até nós e, por isso, ficarmos aguardando por uma pessoa ou por uma condição através da qual isso aconteça; ou podemos depender de um curador, ou de um mestre, como canal de cura. "Pedis mal."

Qualquer idéia de que aquilo que buscamos esteja em algum lugar que não dentro de nós, dentro de nossa própria consciência, é a barreira que nos separa de nossa harmonia.

A oração verdadeira nunca é dirigida a um Ser fora de nós mesmos, e tampouco espera por algo vindo de fora do nosso ser. "O reino de Deus está dentro de vós", e todo o bem deve ser procurado ali. Se reconhecemos que Deus é a realidade do nosso ser, entendemos que todo o bem é inerente a esse Ser, o seu e o meu ser. Deus é a substância do nosso ser e, por isso, nós somos eternos e harmoniosos. Deus é a Vida, e esta Vida é auto-sustentada. Ele é nossa Alma, e nós somos puros e imortais. Deus é a consciência do indivíduo, e isto constitui a inteligência do nosso ser.

Para sermos precisos, não há Deus *e* você, embora Deus sempre se manifeste *como* você, e esta é a unidade que nos assegura o bem infinito. Deus é a vida, a mente, o corpo e a substância do ser individual; por isso, nada pode ser acrescentado ao indivíduo, e a oração verdadeira é o reconhecimento constante desta verdade.

A conscientização do nosso verdadeiro ser — da natureza e caráter infinitos do nosso próprio ser — também é oração. Nesse estado de consciência, em vez de buscar, pedir e esperar algo da prece, voltamos nosso pensamento para dentro e ouvimos a "pequena voz silenciosa" que nos assevera de que, mesmo antes que pedíssemos, nosso Pai conhecia e preenchia nossa necessidade. E aí está o grande segredo da oração: Deus é a Totalidade e é sempre manifesto. Não há pois um bem ou Deus imanifestos. O que cogitamos estar buscando, está sempre presente dentro de nós, já manifesto, e nós temos de ter em mente esta verdade. Todo o bem já é, e é para sempre manifesto. *O reconhecimento desta verdade é a oração atendida*.

Nossa saúde, prosperidade, emprego, lar e harmonia não são pois dependentes de algum Deus longínquo; nunca dependem de um canal, pessoa ou lugar, mas estão continuamente à mão, onipresentes, dentro de nossa própria consciência; e o reconhecimento deste fato é a oração atendida. "Eu e o Pai somos um", e isto é causa de perfeição do ser individual.

Para sermos precisos, não há Deus *e* tu. É impossível orar corretamente sem ter compreendido esta verdade; e sem conhecermos nossa relação com a Divindade, nossa oração seria apenas uma fé cega ou crença, e não compreensão. É a nossa conscientização da unidade do Ser — a unidade da Vida, da Verdade e do Amor — que redunda em oração atendida. É o reconhecimento constante de nossa vida, nossa mente, nossa substância e ação como manifestações do Ser divino que constitui a verdadeira oração. Identificando este Ser divino como única realidade de nosso ser individual, podemos compreender a nós mesmos como uma realização de Deus, como arremate e perfeição do ser que tudo abrange, divino e imortal. O reconhecimento da divindade de nosso ser individual é a verdadeira prece, que é sempre ouvida. A retificação da falsa crença que sejamos separados e distantes do nosso bem é a essência da prece verdadeira. *Aquilo que eu busco, eu sou*. Qualquer bem que eu possa ter acreditado ser separado de mim, é de fato uma parte constituinte do meu ser.

Eu incluo, personifico e envolvo dentro da minha própria consciência profunda a realidade de Deus, que constitui a infinitude da saúde, da prosperidade e da harmonia do meu ser. A conscientização desta verdade é a verdadeira prece.

Apesar desta totalidade de Deus, expressa como seres individuais perfeitos, aparecem constantemente na vida humana aqueles males que solicitam nossa compreensão da prece. Qual é a natureza do erro, do pecado, da doença? Como pode haver tais coisas, sendo Deus a totalidade? Tais coisas não podem ser, e de fato não são, apesar das aparências de dor, de discórdia e de sofrimento.

A Bíblia nos revela a verdade básica do ser, ou seja, que "Deus viu tudo o que tinha feito, e viu que era muito bom". Nesta perfeição que Deus criou, não há "profanação" ou algo que seja mentira; e não há outro Princípio criador. Torna-se assim claro que aquilo que tem a aparência de erro, de pecado, doença, dor e discórdia não passa de ilusão, de miragem, nada. Lembremos então, na nossa prece, que Deus criou tudo o que foi feito, e neste universo de Deus existe apenas a Presença Total, o Poder Total de Deus, o Amor divino e, por isso, aquilo que agora nos parece erro é uma falsa representação da realidade.

O tempo virá, em nossa vida, em que a inspiração espiritual revele à consciência individual um estado de ser livre das crenças e condições mortais. Não mais então viveremos uma existência baseada em afirmações ou negações mentais e, no lugar disso, receberemos de nossa Consciência um constante desdobramento da verdade. Por vezes isso nos vem do canal de nosso próprio pensamento. Pode nos vir através de um livro, uma leitura ou um serviço solicitado pela divina Consciência. E apesar de parecer que isto nos possa vir por um canal, é a divina Consciência que se revela à consciência individual.

Na medida em que nos tornamos mais e mais conscientes de nossa unidade com o Universo, com o Cristo cósmico, qualquer desejo ou necessidade que se nos apresente traz consigo o seu preenchimento de pensamentos e desejos justos. E não está pois claro que nossa unidade com a Consciência, tendo sido estabelecida desde o "começo" pela eterna relação entre Deus e Seu ser manifesto, não custou nenhum esforço consciente para existir e ser mantida? A percepção desta verdade é o elo que nos liga à divina Consciência.

Para muitos, orar significa pedir e suplicar a um Deus que mora em um lugar chamado céu. O fato porém deste tipo de oração resultar em fracasso universal na obtenção de seus fins, prova que isto não é uma prece verdadeira, e que o Deus a quem suplicam não está lá para ouvir. A reflexão dos homens percebeu eventualmente a falta de resposta para tais orações, e se voltou para a busca do Deus verdadeiro e da idéia correta de prece. Isto levou à revelação da verdade como praticada e compreendida por Cristo Jesus e muitos reveladores antigos.

Neste ponto entendemos que "o reino de Deus está dentro de vós" e, por isso, a prece deve ser dirigida para dentro, para o ponto da consciência em que a Vida universal, Deus, se individualizou como você e eu. Aprendemos que Deus criou (originou) o mundo no princípio e que isto "era bom".

Sendo "bom", o Universo deve ser inevitavelmente completo, harmonioso e perfeito; assim, nossa prece, no lugar de suplicar por algum bem, se torna a percepção da onipresença do bem, e este conceito mais elevado faz da oração a afirmação do bem e a negação da existência do erro como realidade.

Quando a prece, mesmo afirmativa, resulta do uso de fórmulas, há a tendência a voltar para o velho modelo de reza de fé, e com isso a prece perde sua força. Quando, contudo, a prece consiste de uma sincera e espontânea afirmação da infinitude de Deus, e da harmonia e perfeição de Sua manifestação, está de fato próxima da oração absoluta, que é a comunhão com Deus.

Antes que recebêssemos o clarão da verdade, orávamos por coisas ou pessoas; em outras palavras, lutávamos por atingir algum fim pessoal. Em sua grande visão, Emerson escreveu: "A oração que anseia por uma vantagem particular, algo menor que o bem total, é viciosa". E, então, este homem sábio deixa-nos a definição: "A oração é a contemplação das coisas da vida do mais alto ponto de vista. É o solilóquio da alma contemplativa e jubilosa. É o Espírito de Deus proclamando alto Seu trabalho... Tão logo o homem seja um com Deus, ele nada pedirá". A prece não deve ser entendida como um voltar-se para Deus para alguma coisa, pois, como completa Emerson "A prece como meio de atingir fins particulares é sem significado, é um roubo".

Agora sabemos o que a prece não é, e tivemos um vislumbre de que a prece é a união do nosso Eu, da Alma individual, com Deus, a Alma universal. Na verdade, a Alma individual e a Alma universal não são duas, mas uma só, e a conscientização desta verdade constitui a união ou unidade, que é a verdadeira prece.

Jesus disse "Meu reino não é deste mundo", e temos de lembrar disso quando oramos. Voltarmo-nos para Deus levando algum pedido ou desejo deste mundo, será infrutífero. Quando adentramos no nosso santuário do Espírito, temos de deixar de fora todos os desejos, as necessidades e carências terrenas. Temos de deixar "este mundo" e nos encaminhar para Deus com apenas uma idéia — a comunhão com Deus, a união, a unidade com Deus. Não devemos orar para obter qualquer coisa, ou para mudar ou corrigir algo.

A oração, que é união consciente com Deus, sempre redunda em harmonia, paz, contentamento e sucesso. Estas são as coisas "dadas de acréscimo". Não é que o Espírito produza, corrija ou cure a matéria ou o universo físico, mas ocorre que nós nos elevamos para um grau de consciência mais alto, onde há menos matéria e, por isso, menos discórdia, menos desarmonia, doença ou carência.

A comunhão com Deus é a verdadeira oração. É o desenvolvimento, na consciência individual, de Sua presença e poder, e isto nos torna "todos completos". A comunhão com Deus é na realidade ouvir a "pequena voz silenciosa". Nesta comunhão, ou oração, não proferimos palavras para Deus, mas a conscientização da presença de Deus é uma comunicação da verdade e do amor que vem de Deus até nós. É um estado de ser abençoado, que jamais nos deixa no ponto em que nos encontrou.

CAPÍTULO VIII

A cura metafísica

As curas sempre ocorrem na medida de nossa compreensão da verdade sobre Deus, sobre o homem, a idéia e o corpo. A cura nada tem a ver com alguém "externo" chamado de paciente. Quando alguém pede uma ajuda ou cura espiritual, termina aí o papel que desempenhava, até que nos alerte de sua chamada "cura". Nós não nos preocupamos com o assim chamado "paciente", com sua solicitação, com a causa da doença ou com sua natureza, nem com seus pecados ou medos. Estamos apenas interessados na verdade do ser — a verdade de Deus, do homem, da idéia e do corpo. A atividade desta verdade em nossa consciência é o Cristo, o Salvador, ou a influência curadora.

O fracasso na cura resulta de grande falta de compreensão da verdade sobre Deus, o homem, a idéia e o corpo, e estas noções erradas têm sua origem principalmente nas crenças religiosas ortodoxas, ainda arraigadas em nosso pensamento. Só poucos se apercebem de quanto foram cegos pela ortodoxia supersticiosa.

Só há uma resposta à pergunta crucial "Que é Deus?", e a resposta é: "EU SOU". Deus é a mente e a vida do indivíduo. Qualquer defesa mental ou reserva íntima do indivíduo resultará certamente em fracasso. Existe apenas um EU universal, quer seja dito por Jesus Cristo ou por um João qualquer.

Quando Jesus disse "Aquele que vê a mim, vê Aquele que me enviou", revelou uma verdade ou princípio universal. E isto é insofismável. Ou entendemos esta verdade ou não a entendemos — e se você não a entendeu, não precisa nem procurar outras razões para o fracasso na cura. A revelação de Jesus Cristo é clara. "Eu sou o caminho, a verdade e a vida." Se você não puder aceitar isso como um princípio e, por isso, como a verdade sobre você mesmo e sobre os demais indivíduos, não terá o alicerce sobre o qual se apoiar. A verdade é que Deus é a mente e a vida do indivíduo. Deus é o único EU.

A seguir surge a questão, "Que é o homem?", e a resposta é que o homem é idéia, corpo, manifestação. Meu corpo é idéia, ou manifestação. E assim também meu negócio, meu lar e minhas posses, existem como idéia, como manifestação ou expressão. Por essa, e não por outra razão, meu corpo é a exata imagem e semelhança de minha consciência e reflete, ou exprime, as qualidades, o caráter e a natureza de minha própria consciência de ser.

Chegados pois a este ponto, entendemos que Eu sou Deus, que Deus é a mente e a vida do indivíduo, que o corpo existe como idéia de Deus. Deus, ou o EU SOU, é universal, infinito, onipotente e onipresente; por isso, a idéia de corpo é igualmente indestrutível, imperecível e eterna. Nunca nasceu e nunca morrerá. Nunca serei privado da percepção consciente de meu corpo e, por isso, nunca estarei sem meu corpo.

Quando olhamos para o mundo com nossos olhos, não vemos nosso corpo, não vemos esta idéia divina e infinita chamada corpo: o que vemos é um conceito, mais ou menos universal, desta idéia. Quando vemos um corpo saudável, uma bela flor ou árvore, estamos vendo um conceito bom da idéia de corpo, árvore ou flor. Quando vemos um corpo envelhecido e adoentado, uma flor murcha ou uma árvore seca, estamos vendo um conceito errôneo da idéia divina. Quando melhoramos nosso conceito de idéia, de corpo ou manifestação, chamamos esta concepção melhorada de cura. Na realidade, nada aconteceu ao tal paciente, ou ao seu corpo — a mudança ocorreu apenas na consciência do indivíduo, e se tornou visível como crença melhorada, ou cura. Por esta razão, apenas o curador deve aceitar sozinho a responsabilidade da cura e nunca tentar repassar a culpa do fracasso para a pessoa que lhe pediu ajuda. Pois todo indivíduo é EU SOU, Vida, Verdade e Amor, e seu corpo existe como idéia eterna, espiritual e harmoniosa, sujeita apenas às leis do Princípio, da Alma, do Espírito, e é nosso privilégio, dever e responsabilidade conhecer esta verdade, e a verdade libertará todos aqueles que se voltam para nós.

Como consciência individual, espiritual e infinita, eu corporifico meu universo, corporifico ou incluo a idéia de corpo, de casa, de atividade, de rendimento, saúde, riqueza e amizade, e estas estão sujeitas apenas às leis espirituais e à vida. O corpo não age sozinho: ele é governado harmoniosamente pelo poder espiritual. Quando o corpo parecer discordante, inativo, superativo, instável ou aflito por dores, sempre há a idéia subjacente a isso de que ele possa agir sozinho, que tenha o poder, por si, de se mover ou não, de sofrer, de doer, de adoecer ou de morrer. E isto não é verdade. Ele não dispõe de atividade ou inteligência próprias. Toda ação é espiritual, portanto, ação boa e onipotente. Quando reconhecemos esta verdade, o corpo responde ao conhecimento ou compreensão da verdade. Nenhuma mudança ocorre no corpo, pois o erro nunca esteve nele. O que muda completamente é o conceito de verdade que é, que foi e que sempre será. Lembremos aqui de que não há nenhum "paciente externo", nenhum corpo fora daqui a ser curado, melhorado ou corrigido. Trata-se sempre de uma falsa idéia ou crença no pensamento do indivíduo que deve ser corrigida.

Quando começamos a compreender que o corpo não age sozinho, que ele apenas responde aos estímulos da mente, podemos desconsiderar as chamadas condições físicas desarmônicas e nos fixar apenas na verdade de que a Vida sempre se expressa harmoniosamente, perfeitamente e eternamente como a divina idéia de corpo.

A compreensão de que EU SOU consciência espiritual, individual e infinita, que corporifica toda idéia correta e a governa com harmonia, nos trará saúde, harmonia, lar, emprego, reconhecimento, paz, alegria e domínio. Compreender que isto é verdade para todos os indivíduos, desfaz a ilusão de ódio, inimizade e hostilidade. E isto também faz de você um praticante, um curador ou um mestre, mesmo que não faça desse trabalho uma profissão.

Passemos agora a encarar nossas superstições ortodoxas, para delas nos livrarmos. Jesus foi enviado ao mundo para livrá-lo do pecado, da doença ou da escravidão? Não, Deus, o Princípio infinito, a Vida, a Verdade e o Amor não conhece o erro, o mal, o pecado nem o pecador. Jesus viu tão claramente esta verdade que tal visão fez d'Ele o Salvador, o curador, o mestre; e o mesmo poderá ocorrer conosco. *A ação da Verdade na consciência individual é o único Cristo*. O Cristo nunca é uma pessoa. A ação da Verdade na consciência individual constitui o único Cristo, sempre presente, aquele que era "antes de Abraão". Esta atividade da Verdade dentro de você é o seu Cristo. A ação da Verdade na consciência de Buda revelou a natureza do pecado, da doença e da morte como sendo ilusões ou miragem. Esta mesma ação de verdade na consciência de Jesus Cristo revelou a nulidade da matéria; desdobrou-se como consciência curadora, diante da qual desapareciam o pecado e a doença, e a própria morte era vencida. Todo conceito errôneo, quer do corpo, do negócio, da saúde ou da igreja, deve desaparecer na medida em que a idéia correta sobre isso se instala na consciência individual e coletiva.

E que dizer da imaculada concepção, ou nascimento espiritual? A imaculada concepção ou nascimento espiritual é o alvorecer da ação da Verdade na consciência individual, ou a Cristo-Idéia. Apareceu em Jesus como a revelação de que "Eu sou o caminho, a verdade e a vida... eu sou a ressurreição e a vida... Aquele que me vê, vê Aquele que me enviou". A ação da Verdade na minha consciência, o Cristo de meu ser, está revelando que eu sou consciência espiritual individual, infinita, que corporifica meu universo, incluindo meu corpo, minha saúde, prosperidade, meu lar, minhas amizades, a eternidade e a imortalidade.

Deixemos que a ação da Verdade em nossa consciência seja o primeiro e único objetivo, e nosso Cristo se nos revelará, em seu modo individualizado.

Não existe o mal. Por isso, paremos de resistir a uma discórdia específica, ou a uma desarmonia da existência humana que se nos depara agora. Tal aparente discórdia desaparecerá assim que formos capazes de abandonar a resistência contra ela. E nossa capacidade de fazer isso está na proporção de nossa percepção da natureza espiritual do Universo. E uma vez que isso é verdade, é evidente que nem o céu nem a terra podem conter o erro de qualquer natureza; assim, o pensamento humano não iluminado vê o erro bem ali onde Deus brilha, a discórdia ali onde há harmonia, o ódio onde transborda amor e o medo onde de fato está a confiança.

O trabalho em que nos envolvemos é a conscientização de que somos consciência espiritual, infinita e individual, que incorpora dentro de nós mesmos todo o bem. Este é o cântico que cantamos, o sermão que pregamos, a lição que ensinamos e, até que nos venha a realização, será nosso tema, nosso *leitmotiv*. É o fio prateado da verdade que une todas as mensagens.

Nada pode vir de fora de nós; nada pode nos ser acrescentado. Já somos o vertedouro da consciência de onde jorra o Infinito. Aquilo que recebe o nome de humano em nós deve ser aquietado, para se tornar uma clara transparência através da qual nosso infinito Ser individual possa aparecer, se expressar ou revelar.

Quando olhamos as cataratas do Niágara, podemos até imaginar que, com tanta água a correr continuamente, venha a secar; mas, se olharmos para além do quadro próximo, veremos o Lago Erie e perceberemos que se trata de fato não de cataratas de Niágara, mas que este é o nome dado ao Lago Erie no lugar onde se derrama no precipício formando a cascata. A inesgotabilidade da cascata de Niágara é garantida pelo fato de que sua origem, aquilo que constitui o Niágara, é na realidade o Lago Erie.

E assim é conosco. Nós somos o ponto onde Deus se torna visível. Nós somos Deus-sendo o Verbo feito carne. Nossa fonte, aquilo que nos constitui, é Deus — o Ser divino e infinito. Nós somos Deus-sendo, Deus-aparecendo, Deus--se manifestando.

Conta a história que Marconi, quando ainda bem jovem, estava seguro que seria aquele que daria ao mundo a comunicação sem fio, e não os muitos cientistas mais velhos que o vinham tentando havia anos. Após cumprir sua promessa, foi-lhe perguntado porque tinha tanta certeza de que seria bem-sucedido. Ele respondeu que os demais cientistas estavam buscando primeiramente um meio de vencer a resistência do ar às mensagens enviadas através dele, enquanto ele já havia descoberto que não havia resistência alguma.

O mundo combate uma força do mal, porém nós descobrimos que não há tal força. Enquanto a *materia medica* busca vencer ou curar as doenças e a teologia luta para superar o pecado, nós aprendemos que não há realidade na doença e no pecado, e as nossas assim chamadas curas se efetuam por causa desta compreensão.

Sabemos que existem estas aparências humanas chamadas pecado e doença, mas também sabemos que por causa da natureza espiritual infinita do nosso ser, pecado e doença não são realidades; não são o poder do mal; elas não têm um princípio de sustentação; por isso, elas existem apenas como irrealidades aceitas por reais, ilusões aceitas como fatos, a interpretação errônea daquilo que de fato é.

Nós nos amarramos com a crença de que haja um poder fora de nós mesmos — o poder do bem e do mal. Todo o poder foi dado a nós. E este poder é sempre bom, por causa da Fonte infinita de onde emana. O reconhecimento deste grande fato nos traz uma paz e uma alegria indizíveis, mas sentidas por todos aqueles que entram na esfera de nosso pensamento. Isto nos torna amados. Traz o reconhecimento e a recompensa.

Garante-nos um lugar no coração dos homens e se torna a base de infindável boa vontade.

Sempre que se defrontar com um problema, independentemente de sua natureza, busque a solução dentro de sua própria consciência. Em vez de correr de um lado para outro, de buscar uma resposta com esta ou aquela pessoa, em vez de buscar a solução fora de si mesmo, volte-se para dentro. Na quietude e no silêncio de sua própria mente, deixe que a resposta para o problema brote por si mesma. Se fracassar uma, duas ou três vezes, tendo se voltado para a paz de seu reino interior, em perceber a resposta como um todo, tente de novo. Nunca será tarde demais, nem a solução aparecerá tarde demais. Quando aprendemos a nos tornar dependentes deste meio para lidar com nossos problemas e nossas experiências, nos tornamos cada vez mais hábeis em reconhecer rapidamente a revelação da harmonia por parte de nossa mente.

Por tempo demais buscamos nossa saúde, nossa paz e prosperidade fora de nós mesmos. Voltemo-nos agora para dentro e aprendamos que aqui, no reino de nossa consciência, nunca há fracasso ou desapontamento; nem tampouco nos depararemos com delongas ou traições, sempre que encontrarmos a calma de nossa própria Alma e a presença do Princípio que guia, que protege e governa, e ampara cada passo de nossa jornada.

Não nos surpreendamos, pois, quando se nos revelar a grande verdade de que nossa consciência é todo-poderosa e é o único poder que atua nos nossos negócios, que controla e mantém nossa saúde, que nos dá a percepção e a orientação necessárias ao nosso sucesso em todos os caminhos da vida. Isso o espanta? Não é de admirar! Até agora acreditávamos que houvesse, algures, um Poder deífico, uma Presença suprema que, se pudesse ser encontrada, nos ajudaria, e até curaria nossos corpos de seus males.

Torna-se agora claro para nós que a Deus-consciência é a própria consciência do indivíduo; é a onipotência e onipresença que nunca nos deixará e nunca nos abandonará, mais próxima que nosso próprio alento. Não precisamos dirigir-lhe preces, fazer-lhe pedidos ou buscar de algum modo o seu favor: basta--nos este reconhecimento, que leva à completa percepção desta verdade. A partir de agora, podemos relaxar e *sentir* a segurança desta presença constante e o poder desta consciência iluminada. Agora podemos dizer: "Não temerei aquilo que um homem possa me fazer". Não mais recearemos condições ou circunstâncias aparentemente externas ou fora do nosso controle. Sabemos agora que tudo o que possa se tornar conhecido em nossa vida, ocorre de fato dentro de nossa consciência e, por isso, sujeito a sua direção e controle.

Tampouco esqueceremos a profundidade do sentimento que acompanha esta revelação dentro de nós, assim como o sentido de confiança e coragem que imediatamente lhe vem a seguir. A vida já não é uma seqüência de eventos problemáticos, mas uma jubilosa sucessão de fatos agradáveis. O fracasso é visto como o resultado da crença universal em um poder externo a nós mesmos; enquanto o sucesso seria a conseqüência natural de nossa percepção do infinito poder interior.

O alívio do medo, das preocupações, da dúvida, deixa-nos livres para atuarmos normalmente, de modo saudável e confiante. O corpo reage imediatamente ao estímulo vindo do interior. Uma nova vitalidade, resistência e harmonia física se seguem tão naturalmente como o repouso segue ao sono. Bem pouco sabemos da vastidão de nossa riqueza interior até conhecermos o reino de nossa própria consciência, o reino da Alma.

Quando, em silêncio, nos adentramos ao templo de nosso ser para obter resposta a alguma pergunta importante ou a solução de um problema vital, será melhor não formularmos nenhuma idéia por nós mesmos, não traçarmos nenhum projeto nem permitir que nossa vontade sobre o assunto gere nossos pensamentos. No lugar disso, aquietemos o mais possível nossa mente "tagarela" e adotemos uma atitude de escuta. Não será nossa mente pessoal ou mente consciente que nos dará uma resposta, nem a mente educada e formada pelo nosso meio ambiente e nossa vivência, e sim a Mente de Deus, a nossa Realidade, a Consciência criativa. E esta é melhor ouvida quando os sentidos e a mente intelectual estão calados.

Esta divina Consciência não só nos mostra a solução de todo e qualquer problema e a direção correta a seguir em qualquer situação mas, sendo infinita, é a consciência de todo indivíduo e faz convergir todas as pessoas e circunstâncias para o bem de todos.

Obviamente não podemos esperar que esta consciência universal atue em nosso favor e provoque perdas ou destruição para outros. O que é conseguido dentro e através do reino de nossa mente é sempre construtivo, quer individual, como coletivamente. Por isso nunca pode ser um meio de prejuízo, perda ou injúria para os outros. E nós nem dirigimos nosso pensamento para os outros, ou projetamo-lo para fora de nós em qualquer direção. O que nossa mente estiver desdobrando para nós, estará, ao mesmo tempo, operando como consciência de todos os envolvidos na ocasião. Nós nunca precisamos nos preocupar em "encontrar" alguma outra mente ou influenciar alguma pessoa. Lembremos de que a atividade da Consciência da qual somos uma manifestação exerce sua influência sobre todos aqueles que podem estar afetados ou envolvidos na situação ou no problema.

Não há problemas sem solução na Consciência, e esta mesma Consciência, que é nossa consciência individual, é o único poder necessário para estabelecer e manter a harmonia de tudo o que nos diz respeito. É o nosso voltar para dentro que traz à luz as respostas que já existem. Nossa atitude de escuta nos torna receptivos à presença e ao poder dentro de nós. Nossos períodos de silente contemplação revelam a força infinita e a energia construtiva, a direção inteligente que sempre habita em nós. Descobrimos, pois, em nosso reino mental, nossa Lâmpada de Aladim. Em vez de esfregá-la e exprimir um desejo, nos voltamos para nosso interior em silêncio e ouvimos — e tudo o que for necessário para o sucesso e a harmonia da vida, flui em abundância; nós aprendemos a viver com alegria, saúde e sucesso —, não em função de qualquer pessoa ou circunstância externa, mas por causa da influência e da graça internas de nosso ser.

Já não há necessidade de tentar dominar nossos sócios ou membros de nossa família. A lei interior mantém nossos direitos e privilégios. Todo desejo bom de nosso coração é agora satisfeito sem conflitos, sem medos ou dúvida. Quanto mais aprendermos a relaxar e observar ligeiramente nossos desejos, mais rapidamente e facilmente serão satisfeitos. Não nos é solicitado que andemos sofrendo pela vida ou que lutemos sem descanso por algum bem desejado — embora tenhamos falhado em perceber a presença de uma lei interior capaz de determinar e manter nosso bem-estar material.

De início, pode nos parecer estranho perceber que leis interiores governem eventos materiais — e pode parecer difícil, de início, alcançar o estado de consciência em que tais leis do nosso ser profundo se tornam expressões tangíveis. Nós o alcançamos, contudo, na medida de nossa habilidade para relaxar mentalmente, para atingir uma paz e uma calma interiores, e a partir disso contemplar silenciosamente as revelações que nos vêm do nosso íntimo. A quietude e a confiança logo nos trazem à presença da realidade e das verdadeiras leis que nos governam.

Para que não surja em seu coração a pergunta de como uma lei atuante em sua consciência, sem esforço volitivo ou direção, possa afetar pessoas e circunstâncias externas, peço-lhe que observe o resultado do reconhecimento das leis interiores e que verifique isto pela observação.

Ainda teremos clara a percepção do fato de que abarcamos nosso mundo dentro de nós mesmos; que tudo o que existe, pessoas, lugares e coisas, vive apenas dentro de nossa própria consciência. Nunca poderíamos ter consciência de algo fora do reino de nossa própria mente. E tudo o que está dentro do nosso reino mental é alegre e harmoniosamente regido e mantido pelas leis interiores. Nós não dirigimos ou forçamos estas leis: elas operam eternamente dentro de nós e governam o mundo exterior.

A paz interior se torna harmonia exterior. Assim que nosso pensamento assumir a natureza da liberdade interior, perderá o sentimento de medo, de dúvida e de desencorajamento. Quando a percepção de nosso domínio se fixa no pensamento, tornam-se evidentes uma certeza maior, uma grande confiança e firmeza. Tornamo-nos um novo ser, e o mundo reflete para nós este novo e mais alto conceito que temos dele. Aos poucos, desenvolve-se dentro de nós uma nova compreensão de nossos companheiros de jornada e de seus problemas, e brota de nós mais amor, mais tolerância, mais cooperação, mais ajuda e compaixão. Notamos que o mundo responde a este novo conceito que temos dele, e então todo o Universo vem a nós e deposita seus tesouros em nossas mãos.

Muitos tratados e convênios alentadores têm sido firmados entre homens e nações, e quase todos falharam, pois que nenhum documento pode ser mais valioso que o caráter de quem o assina. Quando estivermos envoltos pelo fogo de nosso ser interior, não precisaremos mais de contratos e acordos escritos, pois fará parte de nossa natureza básica o ser honesto, justo, inteligente e gentil — e estas qualidades são encontradas em todos que vêm compartilhar nossa experiência no lar, no escritório, nas lojas e em todos os caminhos da vida. O bem manifesto em nossa consciência volta a nós numa "medida sacudida, cheia e transbordante".

Nesse novo estado de consciência, somos menos aborrecidos com as ações dos outros, menos impacientes com suas insuficiências, menos incomodados com seus erros. Do mesmo modo, em vez de sermos impedidos e limitados por condições externas, nós não as defrontamos, mas passamos por elas com quase nenhuma preocupação. Percebemos que algo dentro de nós rege nosso universo; uma Presença interior mantém a harmonia exterior. A paz e a quietude de nossa Alma são a lei da harmonia e do sucesso do nosso dia-a-dia.

Tudo o que nos ocorreu antes disso será uma nulidade, se

não percebermos que, acima de todo conhecimento da verdade, devemos estar à sombra do Cristo.

Quando o Cristo penetra na consciência do indivíduo, o sentido pessoal de "eu" perde vigor. O Cristo se torna nosso ser verdadeiro. Não temos desejos, vontades ou poderes por nós mesmos. O Cristo estende sua sombra sobre nossa individualidade. Por vezes, ainda percebemos em nossa bagagem este sentido de finitude que tenta se reafirmar e mesmo dominar uma situação. "Pois o bem que quero, não faço; e o mal que não quero, este eu faço", disse Paulo.

Deixemos, pois, claro que o "eu" pessoal não pode curar, ensinar ou dirigir com harmonia. Ele deve ser mantido sob controle para que o Cristo possa ter o completo domínio sobre nossa consciência.

O trabalho que é feito com a "letra da verdade", com declarações e os chamados tratamentos, é insignificante se comparado com aquele conseguido quando rendemos nossa vontade e nosso agir ao Cristo.

O Cristo se torna mais claro à nossa consciência naqueles momentos em que nos deparamos com problemas para os quais não temos resposta, e não temos poder para superá-los; percebemos aí que "eu, por mim mesmo, nada posso fazer". Nesses momentos de auto-anulação, o Cristo docemente estende sua sombra sobre nós, permeia nossa consciência e traz a "paz, sê quieto", ó mente atribulada.

No Cristo encontramos o repouso, a paz, o conforto e a cura. O poder natural do sentido espiritual nos invade, e a discórdia e a desarmonia se esvaem, como a escuridão desaparece com a chegada da luz. De fato, isto só é comparável com o alvorecer; o influxo gradual de Luz divina clareia e dá cor à cena em nossa mente, e desfaz uma a uma as ilusões dos sentidos, os recantos mais escuros do pensamento humano.

A faina do dia-a-dia quer nos subtrair este grande Espírito, até que tenhamos o cuidado de nos recolher com freqüência ao santuário do nosso ser interior, e ali deixar que o Cristo seja nosso hóspede de honra.

Nunca permita que conceitos vãos ou crença em poder pessoal o afaste desta experiência sagrada. Esteja pronto. Fique receptivo. Aquiete-se.

CAPÍTULO IX

O suprimento

Parte I

O segredo do suprimento encontra-se no capítulo décimo segundo de Lucas:

E ele disse aos seus discípulos: "Portanto eu vos digo, não vos preocupeis com a vossa vida, com o que haveis de comer; nem com o vosso corpo, com o que o cobrireis.
A vida é mais que o alimento, e o corpo é mais que a vestimenta.
Considerai os corvos: eles não semeiam nem colhem; eles não têm dispensa nem celeiro; e Deus os alimenta: quanto mais valeis vós que as aves?
E qual de vocês, com toda solicitude, pode acrescentar um cúbito à sua estatura?
E se, pois, não sois capazes de fazer estas pequenas coisas, por que vos preocupais com as outras?
Considerai os lírios, como eles crescem: eles não fiam nem tecem; e na verdade vos digo que nem Salomão, em toda sua glória, jamais se vestiu como um deles.
E se Deus veste assim a erva que hoje está no campo e amanhã é lançada ao forno, quanto mais vestirá a vós, homens de pouca fé?

Não pergunteis pois o que haveis de comer, ou o que haveis de beber, nem andeis na dúvida.

Pois todas as gentes das nações do mundo buscam estas coisas: e vosso Pai sabe que delas haveis mister.

Buscai antes o reino de Deus, e todas estas coisas vos serão dadas de acréscimo.

Não temais, pequeno rebanho, pois é do agrado do vosso Pai dar-vos o reino".

Surge agora a questão: Como é possível "não nos preocupar" com o dinheiro quando as prementes obrigações devem ser satisfeitas? Como podemos confiar em Deus se ano após ano tais problemas financeiros nos afligem, geralmente não por falha nossa? Vimos na passagem de Lucas que o modo de resolver nossas dificuldades está em não nos preocuparmos com o suprimento, quer seja dinheiro, alimento, roupa ou qualquer outra forma. E o motivo pelo qual não precisamos estar ansiosos quanto a isso é que "é do agrado do vosso Pai *dar-vos* o reino", uma vez que Ele "sabe que delas haveis mister".

Para podermos entrar completamente no espírito de confiança desta passagem inspirada das Escrituras, temos de compreender que dinheiro não é suprimento, e sim o resultado ou efeito do suprimento. Não existe tal coisa como suprimento de dinheiro, de roupas, de casa, de automóvel ou alimento. Tudo isso constitui o efeito do suprimento, e se este suprimento infinito não estivesse presente dentro de nós, nunca haveria as "coisas dadas de acréscimo" em nossa vida. As coisas de acréscimo, naturalmente, são estas coisas práticas como dinheiro, alimento e roupas, que são tão necessárias neste estágio da existência.

E se dinheiro não é suprimento, que é este então? Façamos uma pequena divagação e observemos uma laranjeira carregada de frutos. Sabemos que as laranjas não constituem o suprimento, pois quando estas tiverem sido comidas, vendidas ou dadas, uma nova safra começará a brotar. As laranjas se foram, mas o suprimento continua, pois dentro da laranjeira existe uma lei em operação. Chame-a de lei de Deus, ou lei da natureza — o nome não é tão importante, mas o que importa é o reconhecimento da lei que atua na, através e como laranjeira. E esta lei opera internamente — através das raízes vêm os elementos minerais, nutrientes, água, elementos do ar; e mais a luz solar, que são então transformados em seiva. Esta, por sua vez, caminha tronco acima, é distribuída pelos ramos e finalmente toma expressão como flor. A seu tempo, esta lei transforma as flores em bolotas verdes e estas se tornam laranjas maduras. As laranjas são pois o resultado, ou o efeito da ação da lei na, através e como laranjeira. Enquanto esta lei estiver presente, teremos laranjas. A laranja, por si, não pode produzir outra laranja. E assim compreendemos que a lei é o suprimento e as laranjas seus frutos, os resultados, os efeitos da lei.

Dentro de mim e de você há também uma lei em operação — a lei da vida — e a conscientização da presença desta lei é o nosso suprimento. O dinheiro e as coisas necessárias à vida diária são os efeitos da conscientização da atividade da lei interior. Esta compreensão nos permite desligar o pensamento do mundo exterior para habitarmos na consciência da lei.

Que é esta lei, que é nosso suprimento? A Consciência divina ou universal, a sua consciência individual — isto é a lei. E ela é de fato a nossa consciência. Assim, nossa consciência se torna a lei do suprimento para nós, produzindo a sua imagem e semelhança na forma de coisas necessárias ao nosso bem-estar. E assim como não há limites para a nossa consciência, tampouco há limites para a percepção consciente da ação da lei e, por isso, não há limites para o nosso suprimento em todas as suas formas.

A Consciência divina ou universal, nossa consciência individual, é espiritual. A atividade desta lei interior é também espiritual e, por isso, nosso suprimento, em todas as suas formas, é espiritual, infinito, sempre presente. Aquilo que vemos como dinheiro, alimento, vestimenta, carros ou casas representa a nossa interpretação dessa idéia. Nossos conceitos são tão infinitos como nossa mente.

Convenhamos que, assim como não precisamos nos preocupar com as laranjas, enquanto tivermos a fonte ou suprimento que produz continuamente os frutos para nós, também não precisamos mais nos preocupar com o dinheiro. Aprendamos a olhar para o dinheiro como olhamos para as folhas ou para as laranjas, como um resultado natural e inevitável da lei que age interiormente. Não há, de fato, razão para nos preocuparmos, mesmo quando a árvore nos pareça desfolhada, enquanto mantivermos a consciência da verdade de que a lei continua assim operando internamente, para nos dar os frutos de sua própria espécie. Independentemente do estado de nossas finanças em dado momento, não fiquemos preocupados ou aborrecidos, pois agora sabemos que a lei atua dentro de nós, através e como nossa consciência e trabalha, quer estejamos dormindo ou despertos, para nos prover das coisas "de acréscimo".

Aprendamos a olhar para os lírios e a nos regozijar com a prova da presença do amor de Deus por Sua criação. Observemos as andorinhas, quão completamente confiam na lei.

Regozijemo-nos ao ver as flores na primavera e no verão, que nos confirmam a divina Presença. Assim como aprendemos a nos alegrar com as belezas e generosidade da natureza sem o desejo de nos apoderar de qualquer coisa, sem o medo de que seu suprimento não seja infinito, assim também aprendamos a nos alegrar com o desfrute de nosso suprimento infinito — resultado do infinito repositório em nosso interior — sem nenhum medo de que alguma carência venha a nos perturbar.

Gozemos dessas coisas do mundo exterior sem, contudo, considerá-las como suprimento. Nossa conscientização da presença e da atividade da lei é nossa consciência de suprimento, e as coisas exteriores são as formas sob as quais nossa consciência se expressa. O suprimento interno se manifesta como as coisas externas de que necessitamos.

Parte II

Num certo instante dizemos que não devemos nos preocupar quanto ao nosso suprimento ou a nossa saúde e, no momento seguinte, dizemos que precisamos "orar sem cessar" e "conhecereis a verdade e a verdade vos libertará". Embora isso pareça contraditório, ambas as afirmações estão corretas, mas elas têm de ser compreendidas.

Há sempre uma crença de "bem humano" em operação — uma lei de estatísticas, e dela nós extraímos nosso benefício material. Nas vendas de porta em porta, há geralmente uma média de uma venda a cada vinte visitas; nas propagandas de mala-direta, há um retorno médio de dois por cento; no dirigir veículos, é dito que a regra estipula uma certa porcentagem de acidentes; as companhias de seguro de vida possuem uma tabela de expectativa de vida, e, baseando-se nessas médias, elas podem lhe informar a cada instante quantos anos de vida ainda lhe restam.

Viver humanamente, isto é, seguir ao longo do dia-a-dia permitindo que estas médias nos afetem, permitindo que crenças humanas operem sobre nós, não é um modo de vida científico. Isso tudo faz parte da crença em existência humana, e, a menos que façamos algo especificamente a esse respeito, ficaremos expostos a estas chamadas leis de saúde ou econômicas.

Estas sugestões, que realmente não passam de crenças, são tão universais que agem de modo hipnótico, e tendem a produzir efeito sobre os menos avisados, trazendo-lhes limitações.

O que nós podemos fazer para nos manter livres de tais sugestões e vivermos acima delas? Em primeiro lugar temos de viver em um plano de consciência mais elevado. Tanto quanto possível, temos de nos exercitar no conhecimento de que qualquer coisa que exista no campo do efeito, não é uma causa, não é criativo, e não tem poder sobre nós. E isso nos leva ao importante ponto da sabedoria espiritual: eu sou a lei, eu sou a verdade, eu sou a vida eterna. Ora, uma vez que eu sou consciência infinita e a lei, nada do mundo exterior pode agir sobre mim e se tornar uma lei para mim. Não há nada que nos possa infligir sofrimento, a não ser a aceitação da ilusão como realidade. As coisas chamadas pecado e a doença não são coisas pelas quais temos de sofrer: são formas assumidas pelo erro. Independentemente do nome que lhe dermos, elas são só hipnotismo, sugestões, ilusões se apresentando como pessoas, lugares ou coisas — se mostrando como pecado, doença, necessidade ou limitação.

Não devemos viver como se fôssemos "efeito", com alguma coisa operando sobre nós. Lembremos de viver como a Lei, como o Princípio do nosso ser. Podemos assumir os nossos negócios só na medida de nossa percepção consciente de que estes são efeitos de nossa própria consciência, a imagem e semelhança de nosso próprio ser, a manifestação ou expressão do nosso Eu divino — e só então seremos a lei que os governa.

Temos de começar nosso dia com uma reflexão sobre nossa verdadeira identidade. Temos de nos identificar como Espírito, como Princípio, como a Lei que atua em nossas coisas. É coisa muito necessária relembrar que não temos necessidades: somos consciência espiritual, individual, mas infinita, corporificando dentro de nós mesmos a infinitude do bem; por isso, somos o centro, o ponto da Consciência divina que pode alimentar cinco mil pessoas a cada dia, não usando nossa conta bancária, e sim a infinitude do bem que jorra através de nós, assim como o fazia através de Jesus.

Não vamos de encontro às pessoas pensando no que podemos delas obter ou no que elas possam fazer por nós — apenas vamos para a vida como para a presença de Deus.

Ao longo do dia, quer estejamos fazendo trabalho doméstico, dirigindo o carro, comprando ou vendendo, temos sempre de nos conscientizar que nós somos a lei do nosso universo, o que significa sermos a lei do amor para com todos que fazem contato conosco. Devemos lembrar conscientemente de que todos os que entram na esfera de nosso pensamento e atividade devem ser abençoados por este contato, pois nós somos a lei do amor; somos a luz do mundo. Lembremos de que não precisamos de coisa nenhuma, pois que somos a lei do suprimento em ação — podemos alimentar "cinco mil" daqueles que ainda não sabem de sua verdadeira identidade.

Existe a crença da separação entre nós e Deus — nosso bem — e nós a corrigimos quando reconhecemos que "Eu e o Pai somos um; tudo o que o Pai tem é meu; o lugar onde eu estou é terra santa". No reconhecimento da infinitude do nosso ser, percebemos as verdades da Bíblia, percebemos a verdade de suas promessas. Já não se trata de citações, mas de afirmações de fatos, e isto nos traz até a linha demarcatória entre "conhecer a verdade" e "não nos preocupar".

Percebemos agora a verdade como algo assentado em nossa própria consciência — a realidade do nosso ser. Não nos preocupamos em atrair algum bem; não estamos nos dando algum tratamento para que nos aconteça algo, mas percebemos a verdade, a realidade de nossa identidade, de nossa unidade com o Infinito, com nossas infinitas possibilidades. A razão para perceber e conhecermos esta verdade é que através dos tempos sempre nos reconhecemos apenas como homens — como algo diferente de ser divino — e a menos que, diária e conscientemente, lembremos da verdadeira natureza do nosso ser, recairemos sob a crença geral de que somos algo separado e longe de Deus.

Existe uma crença de que estamos separados das pessoas, que na realidade são parte de nosso ser como um todo; ou a idéia de que sejamos separados e distantes de certas idéias espirituais necessárias à nossa auto-realização, idéias que se apresentam como pessoas, textos, lar, amizades ou oportunidades. Esta crença de separação nós corrigimos com a percepção de que nossa unidade com Deus constitui nossa unidade com cada uma das idéias. Temos um bom exemplo com o telefone. Através do meu telefone eu posso fazer contato com qualquer outro telefone ou lugar do mundo, mas não posso falar nem ao meu vizinho pelo telefone sem que a ligação passe pela central. Se então eu estabelecer meu contato com a central, serei um com todos os telefones. Pelo conhecimento de nossa unidade com Deus, o Princípio infinito, o Amor, encontramos e manifestamos nossa unidade com todas as idéias necessárias à expansão de nossa "completeza".

Nunca esqueçamos de que não podemos viver cientificamente como homens ou como idéia, mas que devemos perceber que somos Vida, Verdade e Amor. Devemos aceitar a revelação de Jesus sobre o "Eu sou" até que se torne realizada em nós.

Paremos de tentar aplicar a Verdade: tal tentativa de aplicar a Verdade nada mais é que uma ação do pensamento humano. A Verdade é infinita e, por isso, não há nada a que possamos aplicá-la. Ela é a realidade do ser, e não há nada exterior ou interior sobre o que ela possa agir: a Verdade age e trabalha por si própria, ou seja, é auto-operante.

Estamos todos envolvidos em atividades que aparentemente fazem o suprimento vir até nós. Independentemente de se tratar de um negócio, uma profissão ou uma arte, o que está em atividade é Consciência. Vista desse modo, nossa atividade é amorosa e inteligentemente dirigida e amparada. E mesmo mais do que isso: como uma emanação da Consciência, é a Consciência em Si mesma manifestando individualmente o próprio ser, natureza e caráter. A direção está a Seu cargo, e só a Consciência é responsável. Aprendemos a não nos envolver e a deixar que Deus, a Consciência, assuma Suas responsabilidades.

Lemos na Bíblia sobre os esforços e atribulações de Elias. Se o acompanharmos pelo capítulo dezoito de I Reis, compreenderemos que apenas a consciência da presença de Deus, do Espírito dentro dele, poderia ter feito aquelas grandes coisas. Nenhum poder humano poderia tê-lo conseguido.

No capítulo dezenove encontramos o desânimo despontar naquilo que aparece como o fracasso do ministério de Elias. Na realidade, esta foi uma oportunidade dada a Elias para que comprovasse que o poder não era de um ser humano, mas que era de fato o poder de Deus se manifestando como em homem, Deus se mostrando como ser individual.

O alimento preparado para Elias sob o zimbro, era sua própria percepção da presença de Deus se mostrando em forma tangível.

Neste capítulo dezenove de I Reis, chegamos à grande mensagem do versículo dezoito:

"Também conservei em Israel sete mil: todos os joelhos que não se dobraram diante de Baal, e toda boca que o não beijou."

Note aqui que Deus não salvou sete mil para Elias, mas para Si mesmo — para Deus na aparência de Elias.

Qualquer que seja a nossa atividade — negócios, profissão ou arte — Deus, a Consciência do indivíduo, sempre terá guardado os sete mil (leia completeza) para si próprio, e quando aprendermos a ouvir a "pequena voz silenciosa" que falou para Elias, nós, também, seremos levados para o reconhecimento e a compensação pelo nosso trabalho. Existimos como Consciência individual; por isso, tudo o que se faz necessário à nossa auto-realização está contido na Consciência infinita que nós somos.

Deus se expressa, de modo individual, como sendo você, e a sua habilidade é de fato a habilidade de Deus; sua atividade é de fato a atividade da Consciência, da Vida; por isso, a responsabilidade por você é responsabilidade de Deus. Obtenha esta consciência da presença de Deus e terá todo o segredo do sucesso em todo o curso da vida.

Como consciência espiritual individual, temos preparado para nós os sete mil (completeza), isto é, Deus, a Consciência do ser individual, a sua Consciência, tem lhe dado suas habilidades e capacidades individuais e, desse modo, tem lhe proporcionado as oportunidades e as recompensas. E estas aparecem para preencher cada situação.

Lembremos sempre de que Deus, nossa Consciência individual, preparou para nós tudo o que é necessário para a realização de nossa experiência pessoal. Nunca estamos fora da harmonia do ser de Deus. Cultivemos, a qualquer momento, a percepção da presença de Deus.

É a nossa união consciente com Deus que nos capacita a viver sem preocupações e torna possível uma vida de abundância — pela graça.

Há um liame invisível entre todos nós. Não estamos na terra para trocar coisas, mas para compartilhar os tesouros espirituais que são de Deus. Nosso interesse em cada outro ser humano é, na verdade, puramente espiritual. Nossa finalidade de vida é o desdobramento do Espírito em nosso íntimo.

Olhando da altura do ponto de vista espiritual, nós não vemos os outros como homens ou mulheres, como ricos ou pobres, grandes ou humildes. Todos os valores humanos ficam submersos no nosso interesse comum em buscar e encontrar o Reino interior. Vemos aos outros como viajores na senda da Luz; dividimos nosso desenvolvimento, nossas experiências e nossos recursos espirituais. Nunca esconderíamos tudo isso dos outros.

Assim não há inveja ou ciúmes daquilo que os outros alcançam espiritualmente. Que fique bem claro que qualquer coisa que tenhamos em termos de suprimento, posição, prestígio ou poder, saúde, beleza ou riqueza é presente de Deus e, por isso, igualmente disponível a todos na medida de sua abertura de consciência — e compreendemos agora como podemos derramar nosso amor impessoal sobre o mundo dos homens.

Clareemos a visão: qualquer coisa que os outros possuam, mesmo aquilo que parece um bem material, é apenas a expressão do seu estado de consciência, e seria impossível invejar as posses alheias ou mesmo desejá-las. O primeiro passo para viver pela Graça, na paz universal, deve começar com a compreensão de que tudo que alguém possa ter pertence ao Pai, isto é, tudo o que alguém possui e tudo que alguém possa vir a possuir é o jorrar de sua própria consciência infinita.

Somos todos "co-herdeiros com o Cristo" em Deus; por isso, todos nós sacamos dos recursos de nossa própria consciência e de nossa Alma, e não precisamos de trabalhosa luta para isso, que já é divinamente nosso. E tudo que alguém possua, a qualquer momento, mesmo aquilo que pareça ter algum valor humano, é o desdobramento de seu próprio estado de consciência e, por isso, pertence apenas a ele. Aquilo que temos é o resultado da frutificação do nosso próprio estado de consciência; e aquilo que ainda não conseguimos representa nossa falta de união consciente com Deus, nossa Consciência infinita.

Podemos ter o quanto desejarmos de qualquer coisa dilatando os limites da nossa compreensão e percepção. Nada do que podemos obter dos outros será realmente nosso, mesmo que o tenhamos obtido legalmente; ainda pertenceria àquele cuja consciência o gerou. O que é nosso é nosso pela eternidade, mas nosso apenas por ser o nosso estado de consciência em expressão.

Tudo o que o Pai tem, minha própria Consciência infinita, é meu.

A percepção desta verdade daria a todos os homens a possibilidade de viver juntos em um mundo de harmonia, de alegria e de sucesso — sem medo uns dos outros, sem inveja ou cobiça. Estaríamos de volta ao Jardim do Éden. Viveríamos sem preocupações, ou seja, pela Graça. Este mundo constitui o reconhecimento da vida como presente de Deus — como o livre fluxo da nossa consciência. Revelaria o invisível laço espiritual que nos une na eterna fraternidade de Amor. Resolveria para sempre o problema do suprimento, e portanto estabeleceria o reino da paz sobre a terra.

CAPÍTULO X

Sabedorias do caminho infinito

Comece a sua vida espiritual por compreender que todos os conflitos devem ser apaziguados dentro da sua consciência.

* * *

Nunca existe um conflito com uma pessoa ou condição, e sim com o falso conceito mentalmente mantido *acerca de* uma pessoa, coisa, circunstância ou condição. Por isso, faça a correção dentro de você mesmo, no lugar de tentar mudar alguém ou algo externo.

* * *

Reconheça a Deus como substância, lei, causa e atividade de tudo o que é, e deixe, logo a seguir, de se imiscuir física ou psiquicamente com o mundo externo. Volte-se para dentro de si mesmo, e resolva aí todas as aparências.

* * *

Quando vivemos a partir do centro do nosso Ser, os pensamentos, as opiniões, as leis e as teorias do mundo não nos afetam. Nada nos atinge, pois nós não reagimos ao mundo das aparências.

* * *

Na vida espiritual, não colocamos rótulos sobre o mundo. Não julgamos como bom ou mau, doente ou sadio, rico ou pobre. Enquanto as aparências possam mostrar harmonia ou discórdia, pelo não julgamento, meramente reconhecemos, deixando que o que *É* verdadeiramente defina a si mesmo.

* * *

Viver espiritualmente é saber que tudo É; não dê nomes, rótulos, definições, nem julgue aquilo que é. Contente-se em saber que *É*, e *deixe* que aquilo que *É* lhe revele seu Ser, sua natureza e caráter.

* * *

A oração é a visão interior da harmonia. Esta visão é obtida pela renúncia ao desejo de mudar ou de melhorar alguém ou alguma coisa.

* * *

Nunca busque na oração alguma coisa ou situação. *Deixe* que a harmonia se defina e se revele por si. Que tua oração seja um *deixar* o que *É* se revelar.

* * *

A oração é uma percepção daquilo que *É*, apenas *"vendo-o"* como é, e não fazendo-o ser.

* * *

Orar é *conscientizar* a harmonia sem esforço mental de nossa parte.

* * *

Orar é ausência de desejos no reconhecimento do que *É*.

* * *

A sabedoria espiritual revela a nascente profunda, fresca e clara do contentamento dentro de nós, através do nosso reconhecimento daquilo que *É*.

* * *

Tenha certeza de que sua oração não seja uma tentativa de influenciar Deus.

* * *

Tenha certeza de que sua oração não seja um desejo de melhorar o universo de Deus.

* * *

Esteja em paz: Deus *É*.

* * *

Repouse na fonte clara e profunda de contentamento dentro de você. A Paz já *É*.

* * *

Não alimente desejos no mundo. Deixe que a Graça de Deus lhe baste.

* * *

Não há nenhum poder do mal externo a nós. As discórdias não têm existência externa, objetiva. Resolva isso dentro de sua própria consciência. "Por que gritam os pagãos, e as pessoas imaginam coisas vãs?"

* * *

Há no homem uma visão espiritual que tudo vê através das aparências. Esteja em paz.

* * *

A visão de Daniel revelou quatro reinos temporais destruídos por uma pedra "arrancada da montanha sem auxílio das mãos". Quando "vir" esta pedra sendo retirada da montanha "sem as mãos", poderá observar que ela é a Palavra. A Consciência, a percepção daquilo que *É*, é a "pedra", que tudo vence, sem poder ou força, mas pela graça que É. Esteja em paz.

* * *

Apenas o que É vence o mundo.

* * *

A água fresca e clara da fonte interior do contentamento nos refresca com a certeza de que a alegria já É. "Paz, sê quieto."

* * *

Leve as discórdias para a fonte do contentamento; lave-as e observe — a graça de Deus! "Eu vos dou a minha paz."

* * *

Não temas: "Sou EU".

* * *

Não há limites externos ao teu ser. Sê livre.

* * *

Esteja atisfeito com aquilo que é.

* * *

Demora-te na profunda fonte do contentamento. *EU SOU. É.*

* * *

Se puderes descobrir alguma forma de oração, de meditação ou de pensamento que cure, que enriqueça ou abençoe, terás feito com que um *efeito* se torne Deus. Impossível! Só Deus é Deus!

* * *

Se puderes encontrar algo ou um pensamento ao qual se apegar — mesmo assim um *efeito* seria Deus. Impossível!

* * *

É impossível conscientizar Deus enquanto tivermos em mente um "propósito" ou um "objeto" outro que não o próprio Deus.

* * *

É impossível alcançar qualquer coisa através de Deus enquanto tivermos o desejo de encontrá-la. *Deus é um Deus ciumento.*

* * *

Não procures Deus no reino do pensamento ou das coisas.

* * *

Tudo o que pode ser conhecido é efeito — nunca Deus. Pare de tentar.

* * *

O homem, julgando pelos padrões humanos, se queixa de que a prece não é atendida. Para se beneficiar da prece precisa se desfazer de todos os conceitos pessoais de bem. Não tente acomodar a oração atendida aos moldes dos desejos humanos.

* * *

A verdade é infinita; por isso não pode ser conhecida por termos finitos.

* * *

Vai a Deus como um vaso vazio, desejando preenchimento segundo as medidas e maneiras de Deus.

* * *

Deus não está no cenário humano. Se você estiver cônscio

do significado desta afirmação, poderá dar a própria vida e ressuscitá-la à vontade.

* * *

A vida não está na dependência da matéria.

* * *

Deus não é poder. Quando alcançamos o centro da Consciência, encontramos uma completa tranqüilidade — uma fonte profunda do Silêncio. Não é poder, pois não há nada contra que ser posto à prova ou a superar: *Ele simplesmente É*.

* * *

A conscientização de Deus não *produz* harmonia. *A presença de Deus é a harmonia*.

* * *

O único erro é o sentimento da ausência de Deus. A conscientização de Deus não desfaz o erro — Deus mesmo é a única harmonia.

* * *

Ninguém pode revelar Deus a outrem, mas revelando a natureza da prece, colocamos o outro na condição de ter a experiência de Deus, e esta só pode ocorrer pela correta compreensão da oração, que é o ponto de contato com Deus; a oração é o caminho para a revelação de Deus, é a preparação da consciência para a experiência de Deus.

* * *

Buscar a orientação de Deus neste estágio do nosso desenvolvimento definiria um sentido de separação de Deus: daria a idéia de Deus *e alguém* necessitado de ajuda, direção e sabedoria. Na realidade, *precisamos deixar que Deus seja nossa vida* — e então Ele vive, desempenha e age, *e É nosso próprio ser.*

* * *

Nos dias iniciais de nossas meditações, contemplamos e ponderamos sobre Deus, sobre as qualidades e a natureza de Deus como nós O compreendíamos. À medida que elevamos nossa consciência, aprendemos que qualquer idéia que pudéssemos ter de Deus não era Deus. Entramos, então, na quietude mental que conduz ao profundo silêncio da *Minha Paz* — e *experienciamos* Deus.

* * *

Em nossos dias de estudantes, buscávamos Deus, ou a Verdade, como um meio de obter a cura, a paz, a segurança e a harmonia. Hoje *sabemos* que tudo isso não pode ser encontrado fora d'Ele, e que a experiência de Deus é nosso único desejo. Atualmente estamos acima do desejo de saúde e dos demais, salvo apenas o d'Ele. Todos temos de estar acima do desejo de saúde, paz, alegria e abundância. "Pois que a vida eterna é esta: que eles possam conhecer a Ti como o único e verdadeiro Deus."

* * *

Perseguir as coisas boas, tais como os prazeres, coisas e lugares, para deles nos regozijarmos, é a barreira ao desenvolvimento espiritual. A busca única pela realização de Deus faz com que o prazer, coisas e lugares de regozijo venham naturalmente até nós. Então, nosso prazer se torna maior pela conscientização da Fonte de tudo.

* * *

Na oração, palavras e pensamentos são úteis enquanto nos levam a uma atmosfera de verdadeira comunhão, que é, porém, sem palavras ou pensamentos. Quando a oração se constitui *apenas* de palavras e pensamentos, estes se tornam uma barreira à obtenção da conscientização de Deus.

* * *

Não se deixe enganar, eis o segredo: preencha sua consciência com a palavra de Deus; ouça-a; leia-a; pondere e medite sobre ela. Isto amadurece e enriquece a consciência, e esta, agora mais profunda e mais pura, se transforma em causa, lei, substância e ação de nossa vida. Esta consciência enobrecida, que evolveu pelo estudo, pela prática e meditação, alcança a comunhão consciente com Deus e o profundo silêncio da *Minha Paz*. Somos então elevados ao reino de uma atmosfera que transcende palavras e pensamentos.

* * *

A mera leitura da verdade é simplesmemte a aquisição de conhecimento intelectual, e não um enriquecimento e aprofundamento da consciência. *É o aprofundamento e o enriquecimento da consciência que é o Cristo em nossa experiência.*

* * *

Não vivemos no plano mortal de consciência onde o mal pode acontecer.

* * *

Deus não está ao alcance ou no reino da mente e do pensamento. Devemos transcender a mente e o pensamento para alcançar Deus.

* * *

Qualquer resposta em um nível inferior ao da pura consciência, se origina do nosso ego humano e não do nosso Eu.

* * *

Oh discípulos! Não buscai e nem lutai por riquezas celestiais na consciência humana. Esperai! Esperai! *Buscai um nível de consciência mais alto:* Ali, os tesouros do Pai são abundantes como o ar.

* * *

É um erro acreditar que as orações e o desejo humano possam colocar Deus a nosso favor. Deve haver uma elevação de consciência até que seja alcançada Sua presença — e ali descansarmos. Ali na verdade está o perene repouso dos cuidados, preocupações, dúvidas e medos.

* * *

Os estudantes estão muitas vezes preocupados que sua felicidade, paz e harmonia não sejam completas, e que eles podem trazer mais benefícios aos outros do que a si mesmos. Isso traz a eles, com freqüência, dúvidas e temores: dúvida de que Deus esteja mesmo com eles e medo de que uma sensação de separação de Deus possa prendê-los permanentemente. *Estas coisas acontecem apenas para que o estudante nunca seja tentado a glorificar a si mesmo, ou que tenha orgulho de seu entendimento.*

* * *

Eu sou persistente.

* * *

É impossível *manter* um estado de consciência *não alcançado*.

* * *

Assumir um estado de consciência *não alcançado* é coisa mundana.

* * *

A Consciência vive por si mesma. Nós não a vivemos.

* * *

Afasta-te da consciência pessoal tão rápido quanto possas. Deixe o "ego" morrer.

* * *

Mesmo na metafísica e na prática espiritual, o enfoque tem sido "mais e maiores peixes na rede", em vez de "deixe suas redes e siga-Me".

* * *

Não há tal coisa como "minha harmonia", "minha saúde", ou "meu suprimento". *Sua paz* ultrapassa todo entendimento. *Sua graça* é suficiente.

* * *

Felicidade ou infelicidade na humana existência — que importância tem? *Felicidade é algo do conhecimento do Espírito.*

* * *

Humanamente, paz ou não paz — que importância tem? *Paz é algo do conhecimento da alma.*

* * *

Saúde corporal ou falta dela — que importância tem? — *A saúde é algo do conhecimento de Deus.*

* * *

Riqueza ou pobreza — que importância tem? *A riqueza deve ser produto do amor e algo do conhecimento do amor.*

* * *

Das profundezas do desespero quanto às coisas do mundo, aprendamos isto: busca o teu bem em Deus.

* * *

Tenho lhe dito o *verdadeiro* segredo da vida: Deus não está com os mortais. Tome isto como princípio.

* * *

Quando o castelo de cartas do estudante espiritual cai, ele já está perto de "uma casa não feita por mãos, eterna nos céus".

* * *

Estudante espiritual! Regozija-te com o ruir do edifício exterior, pois o Templo interior te será revelado.

* * *

A mente do indivíduo que busca ajuda é a Cristo-mente — esperando ser reconhecida.

* * *

O homem que tem o seu ser *"no Cristo"* encontra sua capacidade e habilidade na Alma — não no cérebro, no corpo ou nos músculos.

* * *

Toda atividade orgânica e toda função do corpo são atividades da Alma, aparecendo como ação corporal.

* * *

Toda habilidade, todo talento ou capacidade da mente são de fato ações da Alma que se faz tangível.

* * *

Vivemos n'Ele. Só n'Ele encontramos nossa completeza e perfeição. Separados d'Ele somos como árvores arrancadas do solo — como ondas separadas do mar.

* * *

O suprimento não pode ser limitado, pois a Alma é sua origem e infinitude.

* * *

A Alma é a substância, a natureza, ação e lei de *todas as formas, e nunca está separada da forma*.

* * *

"Nem a circuncisão nem a não circuncisão são úteis" (Gálatas 5:2-4; 6:15). Esta é a Senda do Meio do Caminho do Infinito.

* * *

Uma vez que a impecabilidade é o oposto do pecado, ela não é este. Uma vez que a saúde é o oposto da doença, esta não é aquela. E isto também é a Senda do Meio.

* * *

Alcançamos a crucificação do ego quando nada resta que se possa pedir na prece.

* * *

Na vida daquele que se desenvolve no caminho espiritual surgem experiências conflitantes da vida humana até que seja conseguida por completo a transição "deste mundo". O *desejo* seria evitar ou escapar destas desarmonias da mente, do corpo ou dos negócios, mas isto não pode ser feito, pois tais discórdias resultam apenas da luta entre o Espírito e "a carne", isto é, entre a consciência espiritual e o sentido material.

* * *

Para os que estão no caminho, a harmonia nas coisas humanas é muitas vezes uma falta de despertar espiritual; e, portanto, quando a luta pela superação "deste mundo" está em curso, o iniciado deve ficar o mais quieto possível nas circunstâncias adversas, cuidando de abster-se da luta contra condições de erro e, tanto quanto possível, "deixar" que a guerra se vá, até que chegue o momento da transição.

* * *

Quando a tua busca espiritual é sincera, a ruptura do teu mundo material — a deserção dos amigos, dos discípulos ou da família, uma mudança na saúde ou outra ação exterior — são com freqüência coisas que levam à transição espiritual, ou ao renascimento. Com isso terás conseguido o que buscavas.

* * *

Ocorre um tremendo movimento quando o iniciado discerne a diferença entre a harmonia física e a completação espiritual.

* * *

Recolhe-te com freqüência ao centro do teu Ser, meu Filho. Deixe que o divino Amor te envolva; esteja em paz, na "*Minha* paz".

* * *

Aqui chegaste à grande experiência: a compreensão e a obtenção da *Minha* paz, do *Meu* vinho, do *Meu* pão — a Substância invisível e infinita, Lei e Causa.

* * *

Ó minha criança! a bênção que lhe pertence como a *Minha* paz desce sobre você, te envolve e te sustenta!

* * *

Sabemos agora o significado das palavras "Nunca te deixarei, nem te abandonarei". Sabemos agora que o repouso é encontrado no Espírito — e repouso que as harmonias "deste mundo" são incapazes de nos dar. "Paz, paz, esteja tranqüilo."

* * *

Papai Noel Deus! O motivo de *todo* desejo ser pecado é que o desejo se funda no conceito de um Deus que dá ou retém. O desejo também se baseia na aceitação da idéia de que algo, alguém ou algum lugar possa não ser Deus.

* * *

Uma vez que só Deus *É*, e é onipresença, a oração, a verdadeira prece, é um estado de consciência, uma comunhão consciente em união.

* * *

Estive imerso em desgosto — tão profundo que por dentro me senti despedaçado — e, estupefato, perguntei: "Por que, Senhor, por quê?". Da profundeza de minha dor veio-me a resposta: é a incapacidade do mundo de receber e seguir o Cristo; é Sua rejeição por parte daqueles que esperávamos tivessem o dom da visão; é a escuridão e a crassa ignorância do pensamento humano. E tudo isso — esta rejeição e esta opacidade — recai sobre mim. Dai-me a Graça de elevar-me acima deste sofrimento.

* * *

A Luz brilha. A Palavra revela que, quando as pedras de tropeço já não são necessárias, elas são removidas. *Nós* não precisamos removê-las, mudá-las ou empurrá-las — elas serão removidas quando não forem mais necessárias.

* * *

Obrigado, Pai, pelo Amor.

* * *

A verdade, como é entendida e descrita, não é a Verdade, exceto *"em Deus"*. Quando alcançamos a *conscientização* da vida em Deus, aí somos de fato divinos, espirituais e governados por Deus.

* * *

A verdade espiritual não é válida para o que é humano, mas para o Espírito e para seu universo. O estado humano é como uma hipnose, *e só quando esta ilusão se desfaz* é que temos a vida *em Deus*.

* * *

Só podemos alcançar a compreensão da perfeição, da totalidade, e da unidade *"em Deus"*.

* * *

Só atingimos nosso alvo quando abandonamos todos os conceitos de Verdade, e isso só se dá com a Graça.

* * *

Despindo todos os conceitos sobre Vida, Verdade e Amor, estaremos *"em Deus"*.

* * *

A vida além do túmulo não tem relação alguma com a imortalidade; seria apenas a sobrevivência da personalidade. E esta personalidade morre — ela deve morrer, quer deste como do outro lado do túmulo — para que a imortalidade possa ser atingida. *O Eu imortal é sempre presente*, mesmo que esteja revestido pela personalidade, e é revelado e vivido só na proporção em que a personalidade, ou o ego humano, desaparece.

Nós continuamos preocupados com o nosso bem *pessoal* — segurança, saúde ou paz de espírito — e isso é o que deve "morrer todos os dias", para que possamos "renascer pelo Espírito", com a conscientização da imortalidade aqui e agora.

* * *

A prece não é uma atividade da mente humana.

* * *

Todas as tentativas de contatar Deus através da mente ou do intelecto falharam, e sempre falharão. Deus só pode ser conhecido pela Alma, através das faculdades da Alma.

* * *

A oração que brota do intelecto só pode dar frutos na medida de nossa crença naquele tipo de prece.

* * *

A fé em um "Deus desconhecido" só traz a harmonia de uma crença cega. Deus deve ser conhecido e compreendido através da Alma.

* * *

Para um estudante adiantado: "Tu já chegaste ao lugar de onde se conhece toda a verdade que pode ser conhecida, compreendida ou humanamente aceita. Deves agora atingir um ponto mais alto para que a Verdade te se revele pelos meios espirituais — *sem os meios de comunicação humanos*".

* * *

Por que Almas avançadas, e mesmo praticantes e mestres, experimentam ainda doenças e outros problemas? A consciência mortal ou material que ainda reste neles, em qualquer nível, se manifesta. *Não há consciência sem expressão*, e mesmo o menor resquício de consciência humana que restar se expressará como a humana dicotomia de bem e mal. Esta é a lei. Ambos ali ficam, lado a lado, e, à medida que se desenvolve a consciência espiritual, cada vez mais é desarraigado o sentido material. Mesmo a Ressurreição nos traz um sentido material do corpo, com todas as marcas do erro humano. A pura espiritualidade é revelada na Ascensão.

* * *

Pelo caminho espiritual, muitos chegam a lugares áridos — desertos, inóspitos — e crêem que foram abandonados por Deus. E, com freqüência, *parece* mesmo que o Cristo os abandonou. E é nesse momento que o buscador espiritual deve se lembrar daquilo que ainda não alcançou, que aquilo que pensava ser a plena realização da Verdade, o Cristo ou Deus, não era ainda a plenitude do Espírito. Esta experiência de deserto revela que ele deve continuar no seu esforço, pois que a Luz, quando se mostrar em sua plenitude, lhe dirá "*nunca* te deixarei, nem te abandonarei". Lembremos de que tais discórdias e desarmonias são aparentes, só têm sentido humano. A visão espiritual vê através — vê a Realidade.

* * *

A fé não diz respeito ao passado ou ao futuro. A fé é uma atividade que ocorre no presente — agora, só agora!

* * *

A fé é uma atividade da consciência, assim como a integridade. A fé está sempre presente em nós, mesmo que, como a integridade, possa estar adormecida. O conhecimento e a aceitação da onipresença da fé como atividade da consciência individual, permite o início de seu fluxo rumo aos efeitos visíveis.

* * *

A fé é uma qualidade de Deus, não do homem; mas, como qualidade divina, está presente em toda sua plenitude.

* * *

Não espere que o poder de Deus atue no *sonho*, mas, antes, que *desfaça o sonho*.

* * *

Não busque o contato com Deus para que Ele ajuste, mude ou sane o sonho. A conscientização ou compreensão de Deus desfaz o sonho.

* * *

Perceber que estamos agindo em sonho é o começo do despertar.

* * *

A verdadeira não resistência é a capacidade de não esperar que Deus atue no sonho. Isto não significa que devamos viver sem Deus mas, ao contrário, que tenhamos nossa vida eternamente *em Deus*.

* * *

Se abster de procurar a *ajuda* de Deus é viver na realidade.

* * *

Não mais buscar a Deus, nem mais procurar Sua ajuda é acordar do sonho para a realidade.

* * *

Sempre que houver um sentido de *necessidade* de Deus, estaremos agindo em sonho.

* * *

Deus não é um poder no sentido de poder sobre o mal, sobre o pecado, a doença e a morte. Deus não é poder em qualquer sentido que envolva luta, isto é, superação e destruição.

* * *

Deus é vida. Deus é amor. Deus *É*. Nada, fora disso, é. *Só Deus É*.

* * *

Não esteja preocupado com seu relacionamento com as pessoas. Mantenha, conscientemente, sua relação com Deus, e *isso* cuidará de tudo o mais.

* * *

Mantenha a percepção de sua relação com Deus sagrada e secreta. Esta relação, mantida no segredo e no silêncio, aparece externamente como relacionamentos humanos harmoniosos.

* * *

Deus é a ligação entre você e seus irmãos e irmãs das famílias humana, animal, vegetal e mineral.

* * *

Quando o pensamento divaga sobre pessoas, lugares ou coisas, estamos agindo em sonho.

* * *

Quando nosso pensamento converge para a contemplação espiritual, cada pessoa, lugar ou coisa se torna deleite espiritual.

* * *

Os dois grandes Mandamentos são lei cósmica: não terás outro Deus ou outro Poder; amarás o teu próximo como a ti mesmo. Lança o *teu* pão às águas.

* * *

"Pois pela força homem nenhum prevalecerá... O Senhor se vingará de seus adversários."

* * *

As coisas que percebemos com os cinco sentidos são objetos da mente, não têm relação com a Verdade.

* * *

Todas as aparências são objeto dos sentidos — não de Deus, ou da Verdade.

* * *

Tudo o que é testemunhado objetivamente deve ser entendido como imagem mental ou como projeção da mente — nunca como realidade espiritual.

* * *

A realidade é imanente à formação de idéias pelos sentidos, mas só é percebida pela consciência espiritual.

* * *

O mundo dos sentidos — a experiência humana — ocorre no tempo e no espaço, e isso em si já exclui que seja de natureza espiritual.

* * *

O universo do Espírito, da Verdade, de Deus, é uma atividade na eternidade. Assim entendido, nascimento, doença, ou morte nunca ocorreram. Em qualquer caso, quando defrontados com aparências de vida humana — mesmo bons seres humanos ou condições —, lembremos de que isto não é a verdade, mas uma imagem mental no pensamento, sem realidade, lei, substância, causa ou efeito. "Olhemos", pois, mais profundamente dentro da consciência e observemos aquilo que é — eternidade —, mesmo naquilo que se mostra como passado, presente ou futuro.

* * *

Se algo ocorre no tempo e no espaço, não o aceite pelo valor da aparência, mas busque mais profundamente no reino da Alma.

CAPÍTULO XI

O novo horizonte

O sentido que nos apresenta quadros de discórdia, desarmonia, doenças ou morte é o sono hipnótico universal que gera todo o sonho da existência humana. Temos de entender que não há mais realidade numa existência humana harmoniosa do que em condições desarmônicas. Devemos entender que todo o cenário humano não passa de sugestão hipnótica, e nós temos de nos colocar acima dos desejos, mesmo de boas condições humanas. Compreendamos por completo que a sugestão, a crença ou a hipnose são a substância ou o tecido de todo o universo mortal e que as condições humanas, quer boas quer más, são quadros de sonho, sem qualquer realidade ou permanência. Estejamos prontos a aceitar que as condições, harmoniosas ou não, da existência mortal desapareçam de nossa vida, para que a Realidade possa ser conhecida, usufruída e vivida.

Acima desta vida dos sentidos, há o Universo do Espírito governado pelo Amor, povoado pelos filhos de Deus que vivem na casa ou no templo da Verdade. Este mundo é real e permanente; sua substância é a eterna Consciência. Nele não se percebe desarmonia nem bens efêmeros e materiais.

O primeiro lampejo da Realidade — do Reino da Alma — nos chega com a percepção e o reconhecimento do fato de que todas as condições e experiências temporais são produto de auto-hipnose. Com a conscientização de que todo o cenário humano — quer seja o bem, quer seja o mal — é ilusório, temos a primeira visão do mundo da criação de Deus e dos filhos de Deus que habitam o reino espiritual.

Agora, neste momento de elevação de consciência, conseguimos ver, embora difusamente, a nós mesmos livres das leis mortais, materiais, humanas e legais. Vêmo-nos separados e afastados da escravidão dos sentidos, e vislumbramos em parte as ilimitadas fronteiras da Vida eterna e da infinita Consciência. Os grilhões da existência finita começam a cair; os rótulos começam a desaparecer.

Nosso pensamento não mais se delonga na felicidade ou na prosperidade humanas, nem resta qualquer preocupação quanto à saúde ou à moradia. A *maior e mais ampla visão* está agora em foco. A liberdade do ser divino tornou-se agora visível.

A experiência, no início, é como se observássemos o mundo desaparecer no horizonte e desvanecer diante de nós. Não há apego para com este mundo, não há desejo de nele nos manter — provavelmente devido em grande parte ao fato de que tal experiência não ocorre até que tenha sido superado o desejo pelas "coisas deste mundo". Há um sentimento do tipo "Não me toques; eu ainda não 'subi para meu pai' — estou ainda entre dois mundos; não me toques nem me faça falar sobre isso, pois isso poderia me arrastar para trás. Deixe-me livre para a ascensão; quando então estiver completamente livre da hipnose e de suas miragens, eu contarei muitas coisas que os olhos nunca viram e os ouvidos nunca ouviram".

Uma ilusão universal ata-nos à terra, às condições temporais. Perceba, compreenda isso, pois apenas através dessa compreensão podemos começar a soltar de nós suas amarras. Quanto mais fascinados estivermos com as boas condições humanas e quanto maior for o nosso desejo das coisas boas da "carne", mais intensa é a ilusão. À medida que nosso pensamento se focaliza em Deus, nas coisas do Espírito, maior é a liberdade que obtemos das limitações. Não pensemos nem nas discórdias nem nas harmonias deste mundo. Não temamos o mal nem amemos o bem da existência humana. Na medida em que conseguimos isso, diminui a influência mesmérica sobre nossa vida. Começam a se desfazer os laços terrenos; as cadeias da limitação caem; as condições de erro cedem lugar à harmonia espiritual; a morte dá lugar à vida eterna.

A primeira visão do céu do aqui e agora é o começo de nossa ascensão. Esta ascensão é agora entendida como um subir para além das condições e experiências "deste mundo", e nós contemplamos as "muitas moradas" preparadas para nós na Consciência espiritual — na conscientização da Realidade.

Já não estamos presos à evidência dos sentidos físicos nem limitados ao suprimento visível; não estamos circunscritos a vínculos ou prisões; não estamos atados por laços visíveis de tempo e espaço. Nosso bem flui do reino invisível e infinito do Espírito, da Alma, para nossa imediata compreensão. Não julguemos nosso bem pela chamada evidência dos sentidos. A compreensão instantânea de tudo o que podemos usar para ter uma vida abundante, surge dos inesgotáveis recursos de nossa Alma. Nenhuma das coisas boas nos é negada quando olhamos acima das evidências físicas, para o grande Invisível. Olhe para o alto, para o alto! O reino dos céus está próximo!

Eu destruo em ti o sentido de limitação como uma evidência de *Minha* presença e de *Minha* influência sobre tua vida. *Eu* — o teu *Eu* — estou bem no meio de ti e revelo a harmonia e infinitude da existência espiritual. *Eu* — o teu *Eu* — nunca um sentido pessoal de eu — nunca uma pessoa, mas o teu *Eu* — estou sempre contigo. Ergue os olhos!

CAPÍTULO XII

A nova Jerusalém

"As primeiras coisas passaram" adiante e "todas as coisas se tornaram novas... e embora eu fosse cego, agora eu vejo", e não "através de um vidro embaçado", mas "face a face". Sim, mesmo em meu corpo de carne, eu vi Deus. As montanhas se afastaram, e já não há horizonte pois a luz do céu torna claras todas as coisas.

Por longo tempo te procurei, oh Jerusalém, mas só agora meus pés de peregrino tocaram o chão do paraíso. Não há mais lugares desertos. Diante de mim estão terras férteis, como jamais eu sonhei. Oh! Na verdade "lá nunca haverá noite". Sua glória brilha como o sol do meio-dia, e lá não precisa de luz, pois o próprio Deus é a luz.

Sento para descansar. À sombra das árvores eu descanso, e encontro a minha paz em Ti. Na Tua graça está a paz, ó Senhor! Eu andava exausto pelo mundo — em Ti encontrei o repouso.

Eu estava perdido na densa floresta das palavras; na *letra* da verdade havia cansaço e medo, e só no Teu Espírito há sombra, água e repouso.

Quão longe estive vagando do Teu Espírito, ó Terno e Real, quão longe, quão longe! Como estive profundamente perdido no emaranhado de palavras, palavras, palavras! Mas agora voltei, e em Teu Espírito encontrarei minha vida, minha paz, meu vigor. Teu Espírito é o pão da vida, e encontrando-o, nunca mais terei fome. Teu Espírito é uma nascente de água, e dela bebendo, nunca mais terei sede.

Como um viajor cansado procurei por Ti, e agora meu cansaço se foi. Teu Espírito montou uma tenda para mim, e em sua fresca sombra me deixo ficar; a paz enche minha Alma. Tua presença me encheu de paz. Teu amor colocou diante de mim um banquete de Espírito. Sim, Teu Espírito é meu repouso, um oásis no deserto das palavras da verdade.

Em Ti quero me refugiar do ruído do mundo dos argumentos; em Tua consciência encontrar sossego da língua maligna dos homens. Eles repartem a Tua vestimenta, ó Senhor da Paz, eles se engalfinham por Tua Palavra — sim, até que se tornem apenas palavras, e não mais a Palavra.

Como mendigo busquei o novo céu e a nova terra, e Tu me fizestes herdeiro de tudo.

Como poderia eu estar diante de Ti, senão em silêncio? Como poderia eu Te honrar, senão na meditação do meu coração?

Graças e elogios não Te aprazem, mas recebes um coração compreensivo.

Quero ficar em silêncio diante de Ti. Minha Alma, meu Espírito e meu silêncio serão a Tua morada. Teu Espírito preenche minha meditação, me edifica e me preserva por inteiro. Ó Tu, Terno e Verdadeiro, meu lar está em Ti.

Posfácio do editor

A Editora Martin Claret sente-se profissionalmente realizada em poder oferecer ao seu leitor mais esta preciosa obra do curador espiritual norte-americano Joel S. Goldsmith.

Em 1972 já havíamos publicado, de sua autoria, *A Arte de Curar pelo Espírito*, na tradução de nosso principal editando, o filósofo e educador brasileiro, professor Huberto Rohden. Aliás, Rohden é o introdutor de Goldsmith no Brasil. *A Arte de Curar pelo Espírito*, publicada agora nesta coleção, está já na 11ª edição. Proximamente iremos incluir na mesma coleção outra obra de Goldsmith — *O Trovejar do Silêncio* —, também publicada por nós em outro formato.

* * *

Quem era Joel S. Goldsmith? Um instrutor de religião? Um curador espiritual? Um guru dos tempos modernos? Ele era tudo isso e muito mais. Goldsmith era um iluminado. Um mensageiro espiritual. Por mais de quarenta anos, curou espiritualmente milhares de pessoas doentes da alma e do corpo.

Joel S. Goldsmith era americano, de origem judaica. Até a metade de sua vida foi um comum homem de negócios (ele morreu em 1964). Por muitos anos, foi um instrutor-praticante do movimento religioso Ciência Cristã. Goldsmith não possuía nenhuma cultura filosófica, nem fizera estudos superiores de espécie alguma. Era guiado por sua profunda intuição e vocação de professor espiritual. Percorreu o mundo, a pedido de seus pacientes, realizando curas espirituais.

Nos últimos anos de sua vida, viveu em Honolulu, capital do Havaí. Produziu mais de trinta livros, a maioria traduzida para outras línguas.

Goldsmith vai além de Teilhard de Chardin, o qual, como teólogo, não teve a coragem de afirmar 100% a imanência de Deus em todas as coisas.

O Caminho Infinito é o único livro propriamente escrito pelo curador americano; suas outras obras, cerca de trinta livros, eram "extraídas" de suas palestras, conferências e das *cartas* que ele enviava mensalmente a milhares de pessoas.

O filósofo e educador brasileiro, Huberto Rohden, primeiro tradutor de Goldsmith para nossa língua, ao conceituar o trabalho do autor diz as seguintes palavras: "O segredo da mensagem de Goldsmith está em conscientizar a presença de Deus em nós".

O Caminho Infinito trata verticalmente deste assunto. São palavras do autor: "Somos um universo unido sem limites físicos, rendemos serviços a Deus, sem cerimonial nem credo. Os iluminados caminham sem medo — pela Graça".

* * *

Na condição de legatário da obra literária de Huberto Rohden e editor de três livros de Joel S. Goldsmith, ao posfaciar esta obra do famoso curador, sinto-me altamente motivado a transcrever — a título do verdadeiro posfácio — o texto de autoria de Rohden: "Experiência de Deus — e nada mais!"

Esta mensagem de Rohden é a essência da mensagem de Goldsmith: a busca da iluminação espiritual.

Experiência de Deus — e nada mais!*

Nada há no mundo que possa libertar o homem e a humanidade da insegurança do seu destino e dar-lhe uma sólida razão de ser. Nem o mais verdadeiro e mais alto conceito de Deus — oriental ou ocidental, cristão ou pagão, judeu, católico, protestante ou muçulmano —, nada pode libertar o homem da permanente insegurança e incerteza do seu destino, nada, exceto uma coisa só — a *experiência direta de Deus*. Esta, sim, põe termo a todas as incertezas e angústias, a todas as dúvidas e infelicidades. Enquanto não houver no mundo número suficiente de homens que tenham a experiência de Deus, nenhuma mudança ponderável será possível no seio da humanidade.

Há milhares de anos que há religiões no mundo, centenas e centenas, mas nenhuma religião, antiga ou moderna, conseguiu dar paz e felicidade à Humanidade como tal, embora alguns homens individuais tenham alcançado essa felicidade.

A experiência de Deus é um fenômeno essencialmente *individual*, místico, nunca social; não existe nenhuma religião organizada que possa dar ao homem essa experiência. O próprio cristianismo, assim como ficou conhecido no curso da história, não pode dar ao homem essa experiência. O Cristo não fundou o Cristianismo por nós conhecido; não organizou nenhuma Igreja no sentido social — mostrou o caminho individual por onde cada ser humano pode adquirir a experiência íntima de que "eu e o Pai somos um... eu estou no Pai, e o Pai está em mim". *Ekklesía* (em latim *ecclesia*, em português *igreja*) é um termo não de massa, mas de elite. A verdadeira *Ekklesía* (de *ek-kaléo*, evocar) consta de pequena escola ou elite dos que foram "evocados", selecionados da grande massa anônima dos profanos; os que foram individualmente evocados ou chamados pela graça para um contato especial com a Divindade; são os "iniciados nos mistérios do reino de Deus".

---

* Fonte: *O Caminho da Felicidade*, Huberto Rohden, Editora Martin Claret, São Paulo, SP, 1992.

As religiões sociais, organizadas, são necessárias para reprimir, na medida do possível, o egoísmo humano desencadeado pelo despertar do ego físico-mental-emocional, pela *persona* do ego. Mas o papel da religião social não é dar ao homem a experiência de Deus, que é um fenômeno essencialmente individual, místico, inacessível a qualquer organização.

As religiões organizadas, ético-sociais, têm dado à humanidade muitas coisas boas — moralidade, caridade, assistência social, literatura, música, pintura, arte em geral —, mas nenhuma religião deu, nem jamais dará ao homem aquilo de que ele mais necessita, a "única coisa necessária", a experiência de Deus. Quando o homem tem essa experiência, pode dispensar todas as outras coisas como supérfluas ou secundárias; se não tem essa experiência, nenhuma dessas outras coisas resolve o problema central de sua existência.

O problema central da existência humana é *ser feliz*. Mas essa felicidade não deve depender de algo que não dependa dele; não deve ser criada por circunstâncias externas, e sim deve brotar da profundeza interna do próprio homem. Felicidade, ou pseudofelicidade, criada por circunstâncias externas, pode ser também destruída por essas circunstâncias; é precária e incerta, e por isso não é verdadeira e duradoura felicidade.

Ser feliz vem de ser bom.

Mas há dois modos de ser bom: pode o homem ser *sacrificialmente bom* — e pode ser *jubilosamente bom*. Somente esse segundo tipo de ser bom é que resolve, definitivamente, o problema central da felicidade humana. Enquanto o ser bom ainda for difícil, amargo, sacrificial, está o homem a caminho da felicidade, mas ainda não é solidamente feliz. Enquanto o *homem da terra* não fizer a vontade de Deus assim como o fazem os *homens dos céus* — isto é, espontânea e jubilosamente — não está garantida a felicidade do homem.

Mas esse cumprimento da vontade de Deus, assim na terra como nos céus, é impossível ao homem que não tenha experiência íntima e direta de Deus — porque essa experiência de Deus coincide com a experiência do verdadeiro Eu do próprio homem. Se é verdade que esse Eu central do homem é "o espírito de Deus que habita no homem", no dizer de São Paulo, ou "o reino de Deus dentro do homem", então a experiência do nosso divino Eu é a experiência do próprio Deus. O Deus *imanente ao homem* é o Deus *transcendente do Universo*.

O homem que chega a essa experiência vital chegou ao conhecimento da verdade — da verdade libertadora.

E só esse homem é sólida e irrevogavelmente feliz.

Sem essa experiência o homem é infeliz, no meio de todos os seus gozos.

Com essa experiência o homem é feliz, mesmo no meio de sofrimentos.

Felicidade ou infelicidade são estados do Eu central, são algo que o homem é, e não algo que ele apenas *tenha*.

A perfeita harmonia do Eu humano com a Realidade divina é a felicidade.

Somente o homem, individualmente, pode-se fazer feliz ou infeliz.

Sumário

Relação dos Volumes Publicados

1. **Dom Casmurro** *Machado de Assis*
2. **O Príncipe** *Maquiavel*
3. **Mensagem** *Fernando Pessoa*
4. **O Lobo do Mar** *Jack London*
5. **A Arte da Prudência** *Baltasar Gracián*
6. **Iracema / Cinco Minutos** *José de Alencar*
7. **Inocência** *Visconde de Taunay*
8. **A Mulher de 30 Anos** *Honoré de Balzac*
9. **A Moreninha** *Joaquim Manuel de Macedo*
10. **A Escrava Isaura** *Bernardo Guimarães*
11. **As Viagens - "Il Milione"** *Marco Polo*
12. **O Retrato de Dorian Gray** *Oscar Wilde*
13. **A Volta ao Mundo em 80 Dias** *Júlio Verne*
14. **A Carne** *Júlio Ribeiro*
15. **Amor de Perdição** *Camilo Castelo Branco*
16. **Sonetos** *Luís de Camões*
17. **O Guarani** *José de Alencar*
18. **Memórias Póstumas de Brás Cubas** *Machado de Assis*
19. **Lira dos Vinte Anos** *Álvares de Azevedo*
20. **Apologia de Sócrates / Banquete** *Platão*
21. **A Metamorfose/Um Artista da Fome/Carta a Meu Pai** *Franz Kafka*
22. **Assim Falou Zaratustra** *Friedrich Nietzsche*
23. **Triste Fim de Policarpo Quaresma** *Lima Barreto*
24. **A Ilustre Casa de Ramires** *Eça de Queirós*
25. **Memórias de um Sargento de Milícias** *Manuel Antônio de Almeida*
26. **Robinson Crusoé** *Daniel Defoe*
27. **Espumas Flutuantes** *Castro Alves*
28. **O Ateneu** *Raul Pompeia*
29. **O Noviço / O Juiz de Paz da Roça / Quem Casa Quer Casa** *Martins Pena*
30. **A Relíquia** *Eça de Queirós*
31. **O Jogador** *Dostoiévski*
32. **Histórias Extraordinárias** *Edgar Allan Poe*
33. **Os Lusíadas** *Luís de Camões*
34. **As Aventuras de Tom Sawyer** *Mark Twain*
35. **Bola de Sebo e Outros Contos** *Guy de Maupassant*
36. **A República** *Platão*
37. **Elogio da Loucura** *Erasmo de Rotterdam*
38. **Caninos Brancos** *Jack London*
39. **Hamlet** *William Shakespeare*
40. **A Utopia** *Thomas More*
41. **O Processo** *Franz Kafka*
42. **O Médico e o Monstro** *Robert Louis Stevenson*
43. **Ecce Homo** *Friedrich Nietzsche*
44. **O Manifesto do Partido Comunista** *Marx e Engels*
45. **Discurso do Método / Regras para a Direção do Espírito** *René Descartes*
46. **Do Contrato Social** *Jean-Jacques Rousseau*
47. **A Luta pelo Direito** *Rudolf von Ihering*
48. **Dos Delitos e das Penas** *Cesare Beccaria*
49. **A Ética Protestante e o Espírito do Capitalismo** *Max Weber*
50. **O Anticristo** *Friedrich Nietzsche*
51. **Os Sofrimentos do Jovem Werther** *Goethe*
52. **As Flores do Mal** *Charles Baudelaire*
53. **Ética a Nicômaco** *Aristóteles*
54. **A Arte da Guerra** *Sun Tzu*
55. **Imitação de Cristo** *Tomás de Kempis*
56. **Cândido ou o Otimismo** *Voltaire*
57. **Rei Lear** *William Shakespeare*
58. **Frankenstein** *Mary Shelley*
59. **Quincas Borba** *Machado de Assis*
60. **Fedro** *Platão*
61. **Política** *Aristóteles*
62. **A Viuvinha / Encarnação** *José de Alencar*
63. **As Regras do Método Sociológico** *Émile Durkheim*
64. **O Cão dos Baskervilles** *Sir Arthur Conan Doyle*
65. **Contos Escolhidos** *Machado de Assis*
66. **Da Morte / Metafísica do Amor / Do Sofrimento do Mundo** *Arthur Schopenhauer*
67. **As Minas do Rei Salomão** *Henry Rider Haggard*
68. **Manuscritos Econômico-Filosóficos** *Karl Marx*
69. **Um Estudo em Vermelho** *Sir Arthur Conan Doyle*
70. **Meditações** *Marco Aurélio*
71. **A Vida das Abelhas** *Maurice Materlinck*
72. **O Cortiço** *Aluísio Azevedo*
73. **Senhora** *José de Alencar*
74. **Brás, Bexiga e Barra Funda / Laranja da China** *Antônio de Alcântara Machado*
75. **Eugênia Grandet** *Honoré de Balzac*
76. **Contos Gauchescos** *João Simões Lopes Neto*
77. **Esaú e Jacó** *Machado de Assis*
78. **O Desespero Humano** *Sören Kierkegaard*
79. **Dos Deveres** *Cícero*
80. **Ciência e Política** *Max Weber*
81. **Satíricon** *Petrônio*
82. **Eu e Outras Poesias** *Augusto dos Anjos*
83. **Farsa de Inês Pereira / Auto da Barca do Inferno / Auto da Alma** *Gil Vicente*
84. **A Desobediência Civil e Outros Escritos** *Henry David Toreau*
85. **Para Além do Bem e do Mal** *Friedrich Nietzsche*
86. **A Ilha do Tesouro** *R. Louis Stevenson*
87. **Marília de Dirceu** *Tomás A. Gonzaga*
88. **As Aventuras de Pinóquio** *Carlo Collodi*
89. **Segundo Tratado Sobre o Governo** *John Locke*
90. **Amor de Salvação** *Camilo Castelo Branco*
91. **Broquéis/Faróis/Últimos Sonetos** *Cruz e Souza*
92. **I-Juca-Pirama / Os Timbiras / Outros Poemas** *Gonçalves Dias*
93. **Romeu e Julieta** *William Shakespeare*
94. **A Capital Federal** *Arthur Azevedo*
95. **Diário de um Sedutor** *Sören Kierkegaard*
96. **Carta de Pero Vaz de Caminha a El-Rei Sobre o Achamento do Brasil**
97. **Casa de Pensão** *Aluísio Azevedo*
98. **Macbeth** *William Shakespeare*

99. **Édipo Rei/Antígona**
Sófocles

100. **Lucíola**
José de Alencar

101. **As Aventuras de Sherlock Holmes**
Sir Arthur Conan Doyle

102. **Bom-Crioulo**
Adolfo Caminha

103. **Helena**
Machado de Assis

104. **Poemas Satíricos**
Gregório de Matos

105. **Escritos Políticos / A Arte da Guerra**
Maquiavel

106. **Ubirajara**
José de Alencar

107. **Diva**
José de Alencar

108. **Eurico, o Presbítero**
Alexandre Herculano

109. **Os Melhores Contos**
Lima Barreto

110. **A Luneta Mágica**
Joaquim Manuel de Macedo

111. **Fundamentação da Metafísica dos Costumes e Outros Escritos**
Immanuel Kant

112. **O Príncipe e o Mendigo**
Mark Twain

113. **O Domínio de Si Mesmo pela Auto-Sugestão Consciente**
Émile Coué

114. **O Mulato**
Aluísio Azevedo

115. **Sonetos**
Florbela Espanca

116. **Uma Estadia no Inferno / Poemas / Carta do Vidente**
Arthur Rimbaud

117. **Várias Histórias**
Machado de Assis

118. **Fédon**
Platão

119. **Poesias**
Olavo Bilac

120. **A Conduta para a Vida**
Ralph Waldo Emerson

121. **O Livro Vermelho**
Mao Tsé-Tung

122. **Oração aos Moços**
Rui Barbosa

123. **Otelo, o Mouro de Veneza**
William Shakespeare

124. **Ensaios**
Ralph Waldo Emerson

125. **De Profundis / Balada do Cárcere de Reading**
Oscar Wilde

126. **Crítica da Razão Prática**
Immanuel Kant

127. **A Arte de Amar**
Ovídio Naso

128. **O Tartufo ou O Impostor**
Molière

129. **Metamorfoses**
Ovídio Naso

130. **A Gaia Ciência**
Friedrich Nietzsche

131. **O Doente Imaginário**
Molière

132. **Uma Lágrima de Mulher**
Aluísio Azevedo

133. **O Último Adeus de Sherlock Holmes**
Sir Arthur Conan Doyle

134. **Canudos - Diário de uma Expedição**
Euclides da Cunha

135. **A Doutrina de Buda**
Siddharta Gautama

136. **Tao Te Ching**
Lao-Tsé

137. **Da Monarquia / Vida Nova**
Dante Alighieri

138. **A Brasileira de Prazins**
Camilo Castelo Branco

139. **O Velho da Horta/Quem Tem Farelos?/Auto da Índia**
Gil Vicente

140. **O Seminarista**
Bernardo Guimarães

141. **O Alienista / Casa Velha**
Machado de Assis

142. **Sonetos**
Manuel du Bocage

143. **O Mandarim**
Eça de Queirós

144. **Noite na Taverna / Macário**
Álvares de Azevedo

145. **Viagens na Minha Terra**
Almeida Garrett

146. **Sermões Escolhidos**
Padre Antonio Vieira

147. **Os Escravos**
Castro Alves

148. **O Demônio Familiar**
José de Alencar

149. **A Mandrágora / Belfagor, o Arquidiabo**
Maquiavel

150. **O Homem**
Aluísio Azevedo

151. **Arte Poética**
Aristóteles

152. **A Megera Domada**
William Shakespeare

153. **Alceste/Electra/Hipólito**
Eurípedes

154. **O Sermão da Montanha**
Huberto Rohden

155. **O Cabeleira**
Franklin Távora

156. **Rubáiyát**
Omar Khayyám

157. **Luzia-Homem**
Domingos Olímpio

158. **A Cidade e as Serras**
Eça de Queirós

159. **A Retirada da Laguna**
Visconde de Taunay

160. **A Viagem ao Centro da Terra**
Júlio Verne

161. **Caramuru**
Frei Santa Rita Durão

162. **Clara dos Anjos**
Lima Barreto

163. **Memorial de Aires**
Machado de Assis

164. **Bhagavad Gita**
Krishna

165. **O Profeta**
Khalil Gibran

166. **Aforismos**
Hipócrates

167. **Kama Sutra**
Vatsyayana

168. **Histórias de Mowgli**
Rudyard Kipling

169. **De Alma para Alma**
Huberto Rohden

170. **Orações**
Cícero

171. **Sabedoria das Parábolas**
Huberto Rohden

172. **Salomé**
Oscar Wilde

173. **Do Cidadão**
Thomas Hobbes

174. **Porque Sofremos**
Huberto Rohden

175. **Einstein: o Enigma do Universo**
Huberto Rohden

176. **A Mensagem Viva do Cristo**
Huberto Rohden

177. **Mahatma Gandhi**
Huberto Rohden

178. **A Cidade do Sol**
Tommaso Campanella

179. **Setas para o Infinito**
Huberto Rohden

180. **A Voz do Silêncio**
Helena Blavatsky

181. **Frei Luís de Sousa**
Almeida Garrett

182. **Fábulas**
Esopo

183. **Cântico de Natal/ Os Carrilhões**
Charles Dickens

184. **Contos**
Eça de Queirós

185. **O Pai Goriot**
Honoré de Balzac

186. **Noites Brancas e Outras Histórias**
Dostoiévski

187. **Minha Formação**
Joaquim Nabuco

188. **Pragmatismo**
William James

189. **Discursos Forenses**
Enrico Ferri

190. **Medeia**
Eurípedes

191. **Discursos de Acusação**
Enrico Ferri

192. **A Ideologia Alemã**
Marx & Engels

193. **Prometeu Acorrentado**
Ésquilo

194. **Iaiá Garcia**
Machado de Assis

195. **Discursos no Instituto dos Advogados Brasileiros / Discurso no Colégio Anchieta**
Rui Barbosa

196. **Édipo em Colono**
Sófocles

197. **A Arte de Curar pelo Espírito**
Joel S. Goldsmith

198. **Jesus, o Filho do Homem**
Khalil Gibran

199. **Discurso sobre a Origem e os Fundamentos da Desigualdade entre os Homens**
Jean-Jacques Rousseau

200. **Fábulas**
La Fontaine

201. **O Sonho de uma Noite de Verão**
William Shakespeare

202. **Maquiavel, o Poder**
José Nivaldo Junior

203. **Ressurreição**
Machado de Assis

204. **O Caminho da Felicidade**
Huberto Rohden

205. **A Velhice do Padre Eterno**
Guerra Junqueiro

206. **O Sertanejo**
José de Alencar

207. **Gitanjali**
Rabindranath Tagore

208. **Senso Comum**
Thomas Paine

209. **Canaã**
Graça Aranha

210. **O Caminho Infinito**
Joel S. Goldsmith

211. **Pensamentos**
Epicuro

212. **A Letra Escarlate**
Nathaniel Hawthorne

213. **Autobiografia**
Benjamin Franklin

214. **Memórias de Sherlock Holmes**
Sir Arthur Conan Doyle

215. **O Dever do Advogado / Posse de Direitos Pessoais**
Rui Barbosa

216. **O Tronco do Ipê**
José de Alencar

217. **O Amante de Lady Chatterley**
D. H. Lawrence

218. **Contos Amazônicos**
Inglês de Souza

219. **A Tempestade**
William Shakespeare

220. **Ondas**
Euclides da Cunha

221. **Educação do Homem Integral**
Huberto Rohden

222. **Novos Rumos para a Educação**
Huberto Rohden

223. **Mulherzinhas**
Louise May Alcott

224. **A Mão e a Luva**
Machado de Assis

225. **A Morte de Ivan Ilicht / Senhores e Servos**
Leon Tolstói

226. **Álcoois e Outros Poemas**
Apollinaire

227. **Pais e Filhos**
Ivan Turguêniev

228. **Alice no País das Maravilhas**
Lewis Carroll

229. **À Margem da História**
Euclides da Cunha

230. **Viagem ao Brasil**
Hans Staden

231. **O Quinto Evangelho**
Tomé

232. **Lorde Jim**
Joseph Conrad

233. **Cartas Chilenas**
Tomás Antônio Gonzaga

234. **Odes Modernas**
Anntero de Quental

235. **Do Cativeiro Babilônico da Igreja**
Martinho Lutero

236. **O Coração das Trevas**
Joseph Conrad

237. **Thais**
Anatole France

238. **Andrômaca / Fedra**
Racine

239. **As Catilinárias**
Cícero

240. **Recordações da Casa dos Mortos**
Dostoiévski

241. **O Mercador de Veneza**
William Shakespeare

242. **A Filha do Capitão / A Dama de Espadas**
Aleksandr Púchkin

243. **Orgulho e Preconceito**
Jane Austen

244. **A Volta do Parafuso**
Henry James

245. **O Gaúcho**
José de Alencar

246. **Tristão e Isolda**
Lenda Medieval Celta de Amor

247. **Poemas Completos de Alberto Caeiro**
Fernando Pessoa

248. **Maiakósvski**
Vida e Poesia

249. **Sonetos**
William Shakespeare

250. **Poesia de Ricardo Reis**
Fernando Pessoa

251. **Papéis Avulsos**
Machado de Assis

252. **Contos Fluminenses**
Machado de Assis

253. **O Bobo**
Alexandre Herculano

254. **A Oração da Coroa**
Demóstenes

255. **O Castelo**
Franz Kafka

256. **O Trovejar do Silêncio**
Joel S. Goldsmith

257. **Alice na Casa dos Espelhos**
Lewis Carrol

258. **Miséria da Filosofia**
Karl Marx

259. **Júlio César**
William Shakespeare

260. **Antônio e Cleópatra**
William Shakespeare

261. **Filosofia da Arte**
Huberto Rohden

262. **A Alma Encantadora das Ruas**
João do Rio

263. **A Normalista**
Adolfo Caminha

264. **Pollyanna**
Eleanor H. Porter

265. **As Pupilas do Senhor Reitor**
Júlio Diniz

266. **As Primaveras**
Casimiro de Abreu

267. **Fundamentos do Direito**
Léon Duguit

268. **Discursos de Metafísica**
G. W. Leibniz

269. **Sociologia e Filosofia**
Émile Durkheim

270. **Cancioneiro**
Fernando Pessoa

271. **A Dama das Camélias**
Alexandre Dumas (filho)

272. **O Divórcio / As Bases da Fé / e outros textos**
Rui Barbosa

273. **Pollyanna Moça**
Eleanor H. Porter

274. **O 18 Brumário de Luís Bonaparte**
Karl Marx

275. **Teatro de Machado de Assis**
Antologia

276. **Cartas Persas**
Montesquieu

277. **Em Comunhão com Deus**
Huberto Rohden

278. **Razão e Sensibilidade**
Jane Austen

279. **Crônicas Selecionadas**
Machado de Assis

280. **Histórias da Meia-Noite**
Machado de Assis

281. **Cyrano de Bergerac**
Edmond Rostand

282. **O Maravilhoso Mágico de Oz**
L. Frank Baum

283. **Trocando Olhares**
Florbela Espanca

284. **O Pensamento Filosófico da Antiguidade**
Huberto Rohden

285. **Filosofia Contemporânea**
Huberto Rohden

286. **O Espírito da Filosofia Oriental**
Huberto Rohden

287. **A Pele do Lobo / O Badejo / o Dote**
Artur Azevedo

288. **Os Bruzundangas**
Lima Barreto

289. **A Pata da Gazela**
José de Alencar

290. **O Vale do Terror**
Sir Arthur Conan Doyle

291. **O Signo dos Quatro**
Sir Arthur Conan Doyle

292. **As Máscaras do Destino**
Florbela Espanca

293. **A Confissão de Lúcio**
Mário de Sá-Carneiro

294. **Falenas**
Machado de Assis

295. **O Uraguai / A Declamação Trágica**
Basílio da Gama

296. **Crisálidas**
Machado de Assis

297. **Americanas**
Machado de Assis

298. **A Carteira de Meu Tio**
Joaquim Manuel de Macedo

299. **Catecismo da Filosofia**
Huberto Rohden

300. **Apologia de Sócrates**
Platão (Edição bilingue)

301. **Rumo à Consciência Cósmica**
Huberto Rohden

302. **Cosmoterapia**
Huberto Rohden

303. **Bodas de Sangue**
Federico García Lorca

304. **Discurso da Servidão Voluntária**
Étienne de La Boétie

305. Categorias
Aristóteles

306. Manon Lescaut
Abade Prévost

307. Teogonia / Trabalho e Dias
Hesíodo

308. As Vítimas-Algozes
Joaquim Manuel de Macedo

309. Persuasão
Jane Austen

310. Agostinho - *Huberto Rohden*

311. Roteiro Cósmico
Huberto Rohden

312. A Queda dum Anjo
Camilo Castelo Branco

313. O Cristo Cósmico e os Essênios - *Huberto Rohden*

314. Metafísica do Cristianismo
Huberto Rohden

315. Rei Édipo - *Sófocles*

316. Livro dos provérbios
Salomão

317. Histórias de Horror
Howard Phillips Lovecraft

318. O Ladrão de Casaca
Maurice Leblanc

319. Til
José de Alencar

Série Ouro
(Livros com mais de 400 p.)

1. Leviatã
Thomas Hobbes

2. A Cidade Antiga
Fustel de Coulanges

3. Crítica da Razão Pura
Immanuel Kant

4. Confissões
Santo Agostinho

5. Os Sertões
Euclides da Cunha

6. Dicionário Filosófico
Voltaire

7. A Divina Comédia
Dante Alighieri

8. Ética Demonstrada à Maneira dos Geômetras
Baruch de Spinoza

9. Do Espírito das Leis
Montesquieu

10. O Primo Basílio
Eça de Queirós

11. O Crime do Padre Amaro
Eça de Queirós

12. Crime e Castigo
Dostoiévski

13. Fausto
Goethe

14. O Suicídio
Émile Durkheim

15. Odisseia
Homero

16. Paraíso Perdido
John Milton

17. Drácula
Bram Stoker

18. Ilíada
Homero

19. As Aventuras de Huckleberry Finn
Mark Twain

20. Paulo – O 13º Apóstolo
Ernest Renan

21. Eneida
Virgílio

22. Pensamentos
Blaise Pascal

23. A Origem das Espécies
Charles Darwin

24. Vida de Jesus
Ernest Renan

25. Moby Dick
Herman Melville

26. Os Irmãos Karamazovi
Dostoiévski

27. O Morro dos Ventos Uivantes
Emily Brontë

28. Vinte Mil Léguas Submarinas
Júlio Verne

29. Madame Bovary
Gustave Flaubert

30. O Vermelho e o Negro
Stendhal

31. Os Trabalhadores do Mar
Victor Hugo

32. A Vida dos Doze Césares
Suetônio

33. O Moço Loiro
Joaquim Manuel de Macedo

34. O Idiota
Dostoiévski

35. Paulo de Tarso
Huberto Rohden

36. O Peregrino
John Bunyan

37. As Profecias
Nostradamus

38. Novo Testamento
Huberto Rohden

39. O Corcunda de Notre Dame
Victor Hugo

40. Arte de Furtar
Anônimo do século XVII

41. Germinal
Émile Zola

42. Folhas de Relva
Walt Whitman

43. Ben-Hur — Uma História dos Tempos de Cristo
Lew Wallace

44. Os Maias
Eça de Queirós

45. O Livro da Mitologia
Thomas Bulfinch

46. Os Três Mosqueteiros
Alexandre Dumas

47. Poesia de Álvaro de Campos
Fernando Pessoa

48. Jesus Nazareno
Huberto Rohden

49. Grandes Esperanças
Charles Dickens

50. A Educação Sentimental
Gustave Flaubert

51. O Conde de Monte Cristo (Volume I)
Alexandre Dumas

52. O Conde de Monte Cristo (Volume II)
Alexandre Dumas

53. Os Miseráveis (Volume I)
Victor Hugo

54. Os Miseráveis (Volume II)
Victor Hugo

55. Dom Quixote de La Mancha (Volume I)
Miguel de Cervantes

56. Dom Quixote de La Mancha (Volume II)
Miguel de Cervantes

57. As Confissões
Jean-Jacques Rousseau

58. Contos Escolhidos
Artur Azevedo

59. As Aventuras de Robin Hood
Howard Pyle

60. Mansfield Park
Jane Austen